W0031948

Désirée Nick

Was unsere Mütter uns verschwiegen haben

Der Heimtrainer
für Frauen in Nöten

Krüger Verlag

2. Auflage September 2006

Originalausgabe
Erschienen im Krüger Verlag, einem Unternehmen
der S. Fischer Verlag GmbH, Frankfurt am Main

Satz: Pinkuin Satz und Datentechnik, Berlin
Druck und Einband: Clausen & Bosse, Leck
Printed in Germany 2006
ISBN-13: 978-3-8105-1325-0
ISBN-10: 3-8105-1325-3

Böse Mädchen kommen überall!
Désirée Nick

Inhalt

The Man I Love

Someday he'll come along
The man I love
And he'll be big and strong
The man I love
And when he comes my way
I'll do my best to make him stay

He'll look at me and smile
I'll understand
And in a little while
He'll take my hand
And though it seems absurd
I know we both won't say a word

Maybe I shall meet him sunday
Maybe monday
Maybe not

Still I'm sure to meet him one day
Maybe tuesday
Will be my good news day

He'll build a little home
Just meant for two
From which I'll never roam
Who would?
Would you?

And so all else above
I'm waiting for …
The man I love

Der Mann, den ich liebe

Eines Tages wird er kommen,
der Mann, den ich liebe,
und er wird groß und stark sein,
der Mann, den ich liebe,
und obwohl ich nicht weiß, wann er kommt,
hoffe ich zu machen, dass er bleibt.

Er wird mich ansehen und lächeln,
ich werde verstehen,
und nach einer kleinen Weile
wird er meine Hand nehmen.
Und bis das geschieht, ist die Hauptsache,
dass ich auf den Mann, den ich liebe, warte.

Vielleicht kommt er schon Sonntag,
vielleicht Montag,
vielleicht nie.

Aber ich bin mir sicher, ihm eines Tages zu begegnen.
Vielleicht wird Dienstag
mein Tag der frohen Botschaft sein.

Er wird ein kleines Haus bauen nur für zwei,
aus dem ich nie wieder ausziehen werde.
Wer würde das tun – etwa Du?
Und solange sitze ich hier und warte,
auf den Mann, den ich liebe!

Na dann Prost Mahlzeit!

(Übersetzt von Désirée Nick 2006)

Statt eines Vorworts: Drastische Probleme erfordern drastische Maßnahmen

»Naaaa, schreibst du wieder an einem neuen Buch?« Das war die Frage, die jedes persönliche Gespräch, das ich seit dem Erfolg meines ersten Buches geführt habe, eröffnen sollte. Ich kann mich des Eindruckes nicht erwehren, dass gewisse Gesprächsverläufe dem immer gleichen Muster folgen, quasi wie Konversationsschablonen, die man kaufen kann.

Auf mein »ja« folgte stets nahezu zwanghaft die Frage: »Und, was wird's diesmal?«

Nun, sehen Sie selbst:

Wenn Sie auf der Suche nach Geschichten mit Happy End sind, dann lesen Sie was anderes! Diesem Buch fehlt nicht nur ein Happy End, Sie werden auch vergeblich nach einem glücklichen Anfang suchen. Und sollten Sie auf einen Happy Mittelteil hoffen, dann muss ich Sie erst recht enttäuschen. Dies hat damit zu tun, dass die Heldinnen meines Werkes keinesfalls Romanfiguren sind, sondern dem wirklichen Leben entstammen. Und die Herzensangelegenheiten der meisten Frauen, die mir geschrieben haben, geben nun mal wenig Anlass zur Freude!

Und dennoch gibt es mehr Gründe, dieses Buch zu lesen, als das Kamasutra Positionen hat. Denn die Lektüre könnte zur Folge haben, dass die Frau in der Mitte des

Lebens den Rotstift ansetzt und ihre Biographie letzten Korrekturen unterzieht.

Die Saat, aus der dieses Buch gewachsen ist, wurde schon mit dem ersten Brief gesät, den ich auf meinen Bestseller »Gibt es ein Leben nach Vierzig?« erhielt. Nachdem ich inzwischen Tausende individueller Einzelschicksale als Kummerkastentante für Sex, Liebe und Partnerschaft seziert habe, kristallisierten sich gewisse Muster heraus, die einander zu ähneln schienen.

Ob eine Frau seit 30 Jahren ihren G-Punkt sucht, nach zwei Jahren Trennung immer noch den Tisch fürs Abendessen zu zweit deckt und darauf wartet, dass es Punkt acht klingelt, seit 125 Jahren einen Orgasmus vorspielt, als 50-Jährige ein Verhältnis mit ihrem minderjährigen Stiefsohn hat oder erfahren muss, dass ihr Mann eine glückliche Zweitfamilie in São Paulo betreibt –, das wahre Leben ist zynischer, als die Satire je sein durfte.

Rosamunde Pilcher und Danielle Steel liefern uns Heldinnen, deren Sehnsüchte prinzipiell jene Erfüllung finden, die in unserem eigenen Leben garantiert ausbleibt.

Nachdem wir mit den perfekten Romanfiguren geschmachtet haben, erwartet uns leider die eigene Realität, die sich von unseren Phantasien eklatant unterscheidet.

Wir müssen aus dem etwas machen, was wir im Alltag vorfinden, denn wir haben nur dieses eine, unperfekte Leben.

Nun gut, wir Frauen haben seit der Knechtung durch den Mann in der Steinzeit gelernt, uns anzupassen. Partnerschaftliches Glück kommt im Leben vieler Frauen spät. Und wenn wir einen Zipfel fragilen Glücks erheischt haben, heißt es, dieses Kleinod zu schützen.

Serien wie »Sex and the City« haben die Erwartungshaltung an ein spannendes Liebesleben in absonderliche Höhen getrieben und bauen Frust auf, weil ein TV-Format nun mal ein TV-Format bleibt und nicht realisierbar ist. Von der modernen Frau wird heutzutage verlangt, so zuverlässig Turbo-Orgasmen zu produzieren wie einst unsere Mütter den gelungenen Sonntagsbraten. Was Sie als Leser in den Händen halten, ist die Wirklichkeit der Frauen von heute. Und drastische Probleme erfordern nun mal drastische Maßnahmen.

Dieses Buch haben all jene mitgeschrieben, die mir ihre Herzensnöte zwischen Faltencreme und Kinderwunsch anvertraut haben. Und ich hoffe, es stört Sie nicht, wenn ich hier Teile unseres kollektiven Sexlebens veröffentliche? Je älter ich werde, desto indiskreter werde ich nämlich. Wie soll man im Leben auch weiterkommen, wenn einem immer alles peinlich ist? Die Anstrengungen, die wir unternehmen, um nirgendwo anzuecken und unseren Ruf zu retten, werden von den meisten Menschen nicht einmal bemerkt.

Genau wie guter Sex sind Dokumentationen und Problemlösungen Gemeinschaftsprojekte. Ich weiß nur zu gut, wie das ist, auf dem Fußboden zu hocken und zu weinen – vor Schmerz, Erlösung und Dankbarkeit darüber, dass man den ersten Schritt getan hat, um sich aus falschen Abhängigkeiten und festgefahrenen Lebensmustern zu befreien. Meine Leser haben unendlich viel zu dem, was an diesem Buch wertvoll ist, beigetragen.

Nachdem ich meine wöchentliche Ratgeberkolumne in der »Bild am Sonntag« gestartet hatte, folgte sehr schnell eine Lawine von Zuschriften. Brieflich und per E-Mail wollten Frauen und auch Männer mir ihr Herz ausschütten, von eigenen Erfahrungen erzählen und um meinen Rat bitten. Viele Menschen suchten nach Antworten auf spezielle Fragen oder hatten ganz konkrete Probleme, auf die das vorherige Buch nicht gründlich genug eingegangen war.

Als mein Postbote sich weigerte, die Unmengen von

Briefen auszuliefern und es zum Problem für mich wurde, die Schreiben alle zu beantworten, musste ich mir Gedanken machen, wie ich effizient und doch individuell helfen könnte.

Ich verspürte den Wunsch, kein Schreiben unbeantwortet zu lassen, denn die Menschen, die mir ihre Erlebnisse schilderten, brauchen mehr als nur einen Antwortbrief. Sie brauchen den Mut zum ersten Schritt, die Dinge anders zu sehen. Den Mut zum Neuanfang. Den Mut, mit alten Gewohnheiten zu brechen.

Ich bin überzeugt, dass die Kummerbriefkästen der Presse nicht nur wegen der Antworten gelesen werden, sondern wegen der Fragen. Wir möchten wissen, dass wir nicht alleine sind. Wir wollen die Details hören. Wir wollen alles über das verzweifelte Manöver im Leben unseres Nachbarn erfahren, welches total nach hinten losgegangen ist, als er mit aller Macht versucht hat, seinem Leben eine neue Wendung zu geben. Wir brauchen die Bestätigung durch andere, dass es möglich ist, Einsichten in die Tat umzusetzen und dabei zu überleben.

Die Fallgeschichten in diesem Buch werden bei Ihnen vielleicht den Eindruck erwecken, ich hätte besonders extreme Beispiele ausgewählt. Aber das stimmt nicht. Die Einzelschicksale sind keineswegs übertrieben dargestellt. Im Gegenteil! In Wirklichkeit sind die Lebensumstände der Betroffenen noch viel komplizierter und leidvoller. Wenn wir uns sagen: »Das Maß ist voll! Womit habe ausgerechnet *ich* all das verdient?«, dann brauchen wir einen anonymen Mitwisser, der uns beweist: Das Leben ist nie hoffnungslos, es gibt nur Situationen, die hoffnungslos geworden sind. Und Situationen kann man ändern. Mein Buch soll dazu die Anstöße geben. Und wenn es nur der Anstoß ist, sich für den Weg der Veränderung zu entscheiden!

Ich war überwältigt von der Tatsache, dass so viele

Leser unterschiedlichster Religionen, Sexualitäten, Haarfarben und Größen mein erstes Buch gekauft, gelesen, verschenkt und empfohlen haben! Und ich wüsste keinen anderen Weg des Dankes, als darauf mit einem zweiten Buch zu reagieren. Es ist meine Art zu sagen: »Ihr seid mir wichtig!«

Statt eines Happy End liefere ich einfache Lösungen für komplexe Probleme. Für mich hätte sich die Arbeit gelohnt, wenn das Happy End im Leben meiner Leserschaft stattfindet.

Deshalb ist mein Buch all jenen gewidmet, die sich mir anvertraut haben!

Und im stillen Kämmerlein natürlich allen Männern, die mich enttäuscht, belogen, betrogen, verletzt, missbraucht und verlassen haben. Möge der Herrgott dafür Sorge tragen, dass sie sich auf der nächsten Rolltreppe das Genick brechen!

Liebe Desi!

Meine Frage ist kurz und knapp: Sind alle Männer Schweine?

Dorit P., 46
Schweinsberg

Liebe Dorit!

Keiner in der Welt wird dich besser behandeln, als du es dir selber zugestehst. Wenn man sich zum Opfer macht, ja, dann gibt man den Männern

Gelegenheit, einen zu missbrauchen. Trotzdem rate ich dir, die Ansicht, dass Männer unter Umständen Schweine sind, aus deinem Denken zu verbannen. Selbst wenn sie es wären, würde dir das für deine Zukunft kein bisschen weiterhelfen.
Ich würde eher sagen, Männer sind bedürftig! Sieh es doch mal so, Dorit. Wenn du am Anfang bei einem Date darauf herumhackst, was für ein Schwein dein Ex war und wie mies die Kerle dich abserviert haben, dann wird sich jeder Mann fragen, ob mit dir was nicht stimmt. »Warum hat die das mit sich machen lassen? Die muss ein ganz schönes Biest sein, wenn der Typ sich so wehren musste.« So ticken Männer nun mal.
Das Beste ist, wenn man Männern gar nicht erst die Chance gibt, einen wie ein Schwein zu behandeln. Das wirklich Deprimierende an den Typen ist, dass wir sie uns selbst ausgesucht haben. Oft greift man eben daneben, weil man geblendet ist. Fragt sich bloß von was? Überlege dir genau, worauf du hereingefallen bist. Sah der Typ einfach nur aus wie aus der Reklame? Und hat er für dich das repräsentiert, was alle haben wollen?
Oder hast du von ihm mehr verlangt, als sein bescheidenes Hirn und Herz dir geben konnten?
Eins steht fest: Man kann als Frau gar nicht vorsichtig genug sein! Denn Männer sind manchmal wirklich Schweine. Gott sei Dank nicht immer. Die Kunst des Liebens besteht darin, ihr positives Verhalten zu verstärken und die miesen Charaktereigenschaften verkümmern zu lassen. Dorit, denk einfach an Hundedressur: theoretisch könnte uns das Biest nachts die Kehle zerfleischen, aber wir haben es so dressiert, das es kuschelt und uns liebt. So muss man es mit Männern machen!

1. Kapitel

Warum Männer zu wenig lieben

Es war im Juni 2006. Ich lag auf dem Bett des Bellagio Hotels in Las Vegas, als er mich fragte, ob ich ihn heiraten will. Wenn ja, würde er sich scheiden lassen. Wenn nein, auch. Für ein zwar mit viel Schmuddelwetter, dafür aber wenig Romantik verwöhntes, kompliziertes Großstadtkind der 60er Jahre ein überraschendes Angebot, in einer komplizierten Affäre, in einem grandiosen Hotel mit einer kompliziert zu bedienenden Telefonanlage.

»Wie bitte? Frag das nochmal!«, sagte ich und lutschte neckisch an meiner galaktisch garnierten Pina Colada. Welcome to Romance! Na, wurde ja auch Zeit! Schließlich findet doch jedes Töpfchen mal sein Deckelchen, wie meine Großmutter immer sagte!

»Willst du mich heiraten?«, wiederholte er. 37, Sportschwimmer, polyglott, und Doktor der Gynäkologie. Da, wo jeder Drehbuchautor den Rotstift ansetzt, da packt das wahre Leben eben immer noch eins drauf! Ich meine, Gynäkologen haben ja auch Beziehungen. Und da muss man nicht gleich sagen, es sei unter der Gürtellinie. Die können ja nicht plötzlich ihren Beruf ändern, wenn sie liiert sind, nur um einen guten Eindruck bei der Schwiegermutter zu machen!

Seinen Beruf hatte ich ihm natürlich längst verziehen.

Ich antwortete nicht ohne Zögern. O.k., mein zuckergusstortenartiges bombastisches Polyesterbrautkleid aus dem Türkenladen hing schon im Schrank. Mit apricotfarbenen Teerosen am Dekolleté. Ich *musste* es nehmen, denn es war 70 % reduziert. Ein Schnäppchen. Für alle Fälle. Man weiß ja nie, wer einem noch über den Weg läuft.

Das Kleid also gab's schon. Nun musste nur noch ein Mann her. Ich habe ihn tatsächlich in seiner Praxis kennen gelernt. Ich wollte mir meine Spirale entfernen lassen, weil ich seit drei Jahren keinen Sex hatte. Promis sind der Presse ja schon mit Schlagzeilen wie: »Hilfe, ich hatte 100 Tage keinen Sex!« eine Titelstory wert. Da konnte nach drei Jahren mit mir was nicht stimmen.

Nach der Konsultation schaute er hoch und sagte: »Alles in bester Ordnung, wie lange soll ich Sie krankschreiben?«

»Wozu das denn, ich hab doch nichts«, sagte ich und guckte runter.

»Wenn ich Sie krankschreibe, dann können Sie den Sommer genießen und abends zu mir Schwimmen kommen!«

»Ach so ist das. Haben Sie einen Pool? In dem Fall kann ich die Spirale ja doch drin lassen«, entgegnete ich.

»Überlegen Sie es sich. Wenn nicht, dann verschreibe ich Ihnen, einmal wöchentlich mit mir essen zu gehen. Bis es Ihnen wieder gut geht.«

Leider waren seine Augen zu blau. Der Blick zu klar. Die Zähne zu strahlend weiß. Das Kinn zu männlich. Die Haut zu rein. Sein Lächeln zu sympathisch. Sogar den Hauch von Tränensäcken entschuldigte ich als charaktervoll!

»Man lebt nur einmal«, sagte ich mir.

Ich hievte mich vom Stuhl und hörte mich sagen: »Herr Doktor, ich bin mir sicher, dass Sie als Arzt genau wissen, was das Beste für mich ist. Ist der Pool indoor oder outdoor?«

Von da an ging ich nie wieder arbeiten. Wollte nur für ihn da sein. Es gab sie also doch: die große Liebe auf den ersten Blick. Eine Liebe, die vertraut, nicht infrage stellt und niemals zweifelt!

Von seiner Frau lebte er längst getrennt. Die Scheidung abzuwickeln war nur noch eine Formalität. Mit der schmutzigen Wäsche dieser zerrütteten Verbindung hatte ich nichts zu tun. Das war alles vor meiner Zeit. Das haben Gott sei Dank andere Frauen für mich erledigt, indem sie sich ihm als Geliebte an den Hals geschmissen und damit für mich die Vorarbeit geleistet haben.

Dass ER es war, der mir, der 39-Jährigen, den ersten und einzigen Heiratsantrag meines Lebens machte, wertete ich als die Frucht meines reifen Charmes, der mich in die Lage versetzte, Liebschaften routiniert und souverän zu arrangieren. Während meine jugendlichen Konkurrentinnen kein Fettnäpfchen ausließen, in das ein Normalbürger nur treten kann, feilte ich gelassen meine Fingernägel und setzte auf die Reize einer erfahrenen Frau. Und nun endlich der Lohn für all meine Irrungen und Wirrungen auf dem Pfad des Herzens.

O.k., ich hätte es auch ahnen können. Es gab Hinweise, Zeichen, kleine Wunder im Alltag, die das große Ereignis ankündigten. Da waren die vierstündigen Telefonate. Die galanten SMS, die mich durch den Tag begleiteten. Dieser zwanghafte Drang, ihn während einer Familienfeier anzurufen, nur um zu sagen: »Stell dir vor, meine Schwester heiratet einen Typen, der ausländerfeindlich ist!« Der Blumenstrauß mit frischen Brötchen, der eines Morgens vor meiner Wohnungstür lag. Seine kleinen Eifersüchteleien, wenn ich zum Single-Monatstreff meines Fitnesscenters ging. Das Herzklopfen, das ich jedes Mal bekam, wenn ich seinen Namen auf dem Display meines Handys las.

Es hat so lange gedauert, bis ich ihn fand! 20 Jahre

lang habe ich auf die Uhr geschaut, mit dem Fuß gewippt und mit den Fingern auf der Tischplatte getrommelt, bis ER die letzten vier katastrophalen Liebhaber, die sich die Klinke in die Hand gegeben hatten, mit einem einzigen Blick in meine Augen vergessen machte. Ein gemeinsamer Abend und ich war erledigt. Es traf mich mitten ins Herz. Ich wusste es, aber es war mir egal. Ich hatte ja bereits aufgegeben. All die Richtigen, mit denen ich mich aus lauter Angst, dass sie sich am Ende als die Falschen entpuppten, niemals einließ. Innerlich war ich auf ihn schon vorbereitet, bevor wir uns überhaupt trafen.

Am Ende unseres ersten Dates haben wir gegenseitig unsere Sätze vervollständigt. Und als er einen viertel Liter geeisten Latte Macchiato über mein kleines Schwarzes kippte, wusste ich, dass dies nur ein Vorwand war, um vor mir auf die Knie zu gehen und meine Oberschenkel mit Taschentüchern trockenzureiben.

Ich hatte mir für den Abend vorgenommen, mich nicht ad hoc erobern zu lassen und die »Ich bin keine Frau für eine Nacht«-Nummer zu geben. Für den Fall, dass der Abend seinerseits mit der Frage »Zu mir oder zu dir?« enden würde, hatte ich den Satz: »Beides! Du gehst zu dir und ich gehe zu mir!« einstudiert.

Vor der Haustür angekommen, schlich er sich mit dem Argument über die Schwelle, dringend mal »für kleine Jungs« zu müssen – und auf halber Treppe schon ging ich vor ihm auf die Knie und öffnete mit den Zähnen den Reißverschluss seiner Hose.

Mit Müh und Not haben wir für den endgültigen Showdown gerade noch meinen Flur erreicht. Wenige Wochen später saß die Liebe meines Lebens neben mir, als der 99-Euro-Flug mit der Condor nach Las Vegas abhob. Mein kleiner Maltesermischling in einer Hundetasche auf meinen Knien, 4,5 kg geballtes Hundeliebekonzentrat auf meinem Schoß und die Hand meines Traummannes unter meiner Bluse: kann das Leben mehr bieten?

Die Stretchlimousine unseres Kitschhotels glitt endlos durch Suburbia Los Angeles, und was ich für das Flimmern von Glühwürmchen in perfekt manikürten Vorgärten hielt, war das Funkeln im Auge der Coyoten.

Was würde meine Mutter von all dem halten? Wie würde ich diese unvorhergesehene Wendung in meiner tristen Biographie meinem Therapeuten erklären? War das etwa sein Behandlungserfolg?

Zu allem Überfluss musste ich mal. Ich bat unseren Fahrer, mal eben bei einer verlorenen »Petrol Station« rechts ranzufahren, stieg aus und hockte mich in die Steppe. Ich pullerte auf einen schwarzen, flachen Felsen. Während sich kleine Wolken von Rauch und Staub erhoben, starrte mich ein eichhörnchenartiges Showmetropolen-Murmeltier wie hypnotisiert an. Ich habe »Hi, how you're doing?« gesagt.

Bei der Ankunft in unserem gigantischen Marmorpalast wurden wir mit Metalldetektoren nach Waffen durchsucht. Ich nutzte die Angabe der Personalien im Hotel, um meinem Namen gleich eine neue mittlere Initiale – J. – beizufügen. Das gigantisch aufgetuffte Toupet des turbobraunen Elvis-Doppelgängers am Check-in verführte mich automatisch dazu, aus allem mehr zu machen. Ohne Brustvergrößerung gilt man in Las Vegas ja als unzivilisiert – wie ein Eingeborener, der noch nie Schuhe an den Füßen hatte. Primitiv eben.

Meine Gedanken verloren sich in Erinnerungen an all die Momente, die ich an zahllosen Feierabenden in unzähligen Gesprächen mit enttäuschten Freundinnen vor endlosen Cappuccinos mit unendlichen Diskussionen über das Thema verbracht hatte, was Männer denn nun wirklich meinen, wenn sie sagen: »Ich rufe dich in den nächsten Tagen an«. Nun war es vorbei, dass wir uns gegenseitig versichern mussten, dass nicht wir es sind, die zu wenig lieben, sondern die Männer. Dass es sie gibt, die Liebe auf den ersten Blick! Jedes Töpfchen sein Deckelchen findet.

Mir würden, wenn ich alleine in der Wanne lag, niemals wieder Gedanken durch den Kopf gehen, wie: »Du bist wieder viel zu fett geworden, und dein Arsch geht in die Breite und diese hässlichen Füße, denen sieht man auch dein wahres Alter an, und diese verdammten Haare an Körperstellen, die in keinem Biologiebuch der Welt verzeichnet sind ... Welcher Mann will jemanden mit so neurotischen Selbstzweifeln und deiner ganzen verdammten Bedürftigkeit und Verzweiflung und überhaupt ... Meine Beine sind gar nicht braun, dabei hab ich doch die Clubkarte fürs Solarium, hach, das nützt doch alles bei mir nichts ... Ist ja auch egal, sei doch froh, dass du alleine bist, da kannst du wenigstens laut pupsen, wenn dir danach ist ... Vielleicht sollte ich mal schwarzen Nagellack probieren?«

Vorbei.

»Willst du mich heiraten?«, fragte er nochmals. Dieser Satz wusch all das Misstrauen von meiner Seele, das ich im Laufe der Jahre als Selbstschutz gegen Männer entwickelt hatte.

Ich hatte aus den vielen Fehlern der Vergangenheit gelernt zuzugreifen, wenn das Schicksal gnädig ist. »Nutze deine Chance, wenn die Situation sich bietet«, ist doch so ein Standardmantra aus den unzähligen Selbsthilfebüchern, unter deren Last mein Billy-Regal fast kollabiert.

»Ich will! Und zwar sehr, sehr schnell. Am besten heute noch! Wozu sind wir in Las Vegas?«, sagte ich endlich.

»Siehst du«, entgegnete ER, »das ist genau das Missverständnis zwischen uns, das ich vermeiden will!«

Mit diesen Worten ging er zum Fenster und starrte hinaus.

»Wenn ich jemals aus dieser Ehe rauskomme, dann werde ich froh sein, wieder meine Freiheit genießen zu können! Mach dir bloß keine falschen Hoffnungen!

Ich habe echt die Schnauze voll davon, dass ihr Weiber immer klammern müsst!«

Als er sich mir zuwandte, versuchte ich kurz seinen Blick zu erhaschen, aber ER sah weg. Er ging an mir vorbei, nahm seinen Bademantel und verschwand für den Rest des Tages im Fitnesscenter. Damit war für mich das Maß voll. Das Fass zum Überlaufen gebracht. Die Schmerzen in meiner Brust machten mir das Atmen fast unmöglich.

Irgendwie schaffte ich es, in den Lift zu taumeln, fremde Blicke zu meiden und mir an der Rezeption einen Mietwagen zu bestellen.

Schluchzend und nach Luft schnappend blieb ich im Wagen sitzen, bis die Lichter der Nacht das wahre Las Vegas zum Leben erweckten. Diese Stadt ist der einzige Ort der Welt, an dem es heller wird, wenn die Sonne untergeht.

Ich sah eng umschlungene glückliche Paare, die kurz entschlossen zu einer der vielen Drive-in-Hochzeitskapellen fuhren! Paare, die sich mit einer Marilyn Monroe-Doppelgängerin als gemieteter Trauzeugin vorm Hotel ablichten ließen! Hochzeitsgesellschaften aus Lateinamerika, deren Großfamilien der lebende Beweis dafür waren, dass diese Welt auf ewig in Machos und Schicksen unterteilt bleiben wird! So war es schon immer und so wird es immer bleiben. Denn die Jahrtausende überdauern kann nur ein Muster, welches funktioniert. Da war eine Welt vor mir, in der Männer noch Männer sind und Frauen die Frauen.

Coole Hip-Hop-Bräutigame in weiß, mit Hosen auf halbarsch, die ihre perfekt gestylte Latinopuppe auf den Arm nahmen, um sie im Cinderella-Brautkleid zum rhythmischen Klicken der Fotografen in die Kutsche zu heben.

Zuletzt gedachte ich all der Friseurinnen, welche von dem Fabrizieren komplizierter Brauthochsteckfrisuren an glücklichen Haaren ihre rosafarbenen Reihenhäuser in den Vororten von Las Vegas abbezahlen konnten.

Drive-in-Kapellen in Las Vegas sind der Wahnsinn. Sie messen einer Eheschließung ungefähr dieselbe Bedeutung bei wie einem Abstecher ins Fast-Food-Restaurant. Ich finde, dem schönsten Tag des Lebens sollte doch ein bisschen mehr Sorgfalt geschenkt werden als einem Happy-Meal bei McDonald's!

Oder klinge ich vielleicht altmodisch? Das Mindeste, was man beim Heiraten tun kann, ist ja wohl, seinen Arsch aus dem Auto zu bewegen! Vor mir tat sich der Beweis auf, dass ich die Dinge falsch sehe.

Ich saß da, bis die Sonne untergegangen war. Mit großer Mühe fuhr ich langsam auf die ersten Anhöhen der Wüste Nevada, wo mein »Traummann« bei unserer Ankunft seinen Arm um mich gelegt und mich inniglich geküsst hatte. Ich folgte der Straße, welche sich durch die gigantischen Ausläufer der Felsen schlängelte und sich gen Westen mit dem Santa Monica Boulevard kreuzen sollte. Unter mir funkelte verlockend diese glitzernde Maschinerie konservierten Glücks: Glück in Dosen sozusagen!

Las Vegas wurde auf dem Rücken von Verlierern erbaut und wäre niemals möglich, wenn alle die Gewinner wären. In einer Welt bestehend aus Gewinnern würde der Traum vom Glück zugrunde gehen. Das machte das Maß für mich nochmal so richtig voll. Denn ich stand auf der falschen Seite: was Liebe angeht, ein Leben lang immer nur die Arschkarte gezogen!

Der Boulevard of Spanish Hills fiel auf einer Seite steil ab. Dort, wo die nächste Kurve kam, fuhr ich einfach weiter geradeaus. Hätte ich Fenster geputzt, hätte ich mich an diesem Punkt einfach von der Leiter fallen lassen. Man muss nur das Gaspedal durchtreten und den Lenker festhalten. Dann geht alles ganz schnell. Es dauert keine Sekunde! Viel schneller als Schlaftabletten und sauberer als die Schweinerei mit den aufgeschnittenen Pulsadern.

Für mich war es eine große Enttäuschung, dass ich den Aufprall überlebt hatte!

Liebe Frau Nick, ich habe Ihnen geschrieben, denn Ihr Buch hat mich zum ersten Mal nach dieser schweren Krise wieder zum Lachen gebracht. Ich habe so schallend gelacht, dass ich um Luft ringen musste. Die Tränen liefen mir übers Gesicht, als Spuren der Erlösung von all meinen aberwitzigen falschen Erwartungen ans Leben und an Beziehungen. Ja, ich dachte, mich ereilt ein nachträglicher Tod dadurch, dass ich vor lauter Lachen ersticke! Es war die reinste Lachtherapie, was Sie mir damit angetan haben! Sie haben mich wieder zum Atmen gebracht!

Ich habe mich inzwischen von meinem Schock erholt. Und ich habe seit dieser Tragödie Ihre Ratschläge in die Praxis umgesetzt. Das sieht so aus: Wenn es mal gar nicht mehr geht, dann esse ich noch ein zweites Stück Torte und spüle es mit einem Gin Tonic herunter!

Lache und die Welt lacht mit dir. Weine und du heulst mit deinen Freundinnen gemeinsam! Ich meine, wer hat behauptet, dass wir immer glücklich sein sollen? Irgendwas ist doch immer, und da sind all jene gestraft, die über sich, die Liebe und das Leben nicht lachen können! Unterm Strich ist das Leben verdammt gerecht! Das habe ich gedacht, als ich erfuhr, dass mein Herzensbrecher, als er Trauzeuge war, an der hufeisenförmigen Glücksdekoration der Hochzeitstorte seines Schwippschwagers erstickt ist!

Ich dachte, das muss ich Ihnen einfach alles schreiben! Wer macht uns eigentlich glauben, dass unser Glück von einem Kerl abhängt? Ich meine, nur weil man ab und zu mal ein Glas Milch trinken will, kauft man sich ja noch lange keine Kuh.

Als ich diesen Brief von Bellinda S., 39, Radevormwald, bekam, wusste ich, dass ich nicht alleine bin. Und dass kein Mann der Welt es jemals wert sein kann, dass man sein Leben für ihn wegwirft. Oder gar in dem Glauben lebt, ein Leben ohne ihn sei sinnlos.

Unsere Mütter haben unsere Zukunft mit all den Märchen vom Traumprinzen verpfuscht. Was Disneyworld heute an falschen Hoffnungen in kleinen Mädchen konditioniert, das wird morgen in Therapiesitzungen kostspieliger Psychoanalytiker zu barer Münze gemacht. Von dem Moment an, wo wir alt genug sind, um in einem Hochstuhl zu sitzen, werden uns zur Unterhaltung als Beilage zum Bananenbrei sadistische Liebesgeschichten verabreicht! Bevor wir überhaupt laufen lernen, haben wir zum Thema Romantik nichts als abnormen Liebeshorror mit Löffeln gefressen!

Es sollte ein Betty-Ford-Center geben, wo man sich reprogrammieren lassen kann, indem man auf einem elektrischen Stuhl sitzt, sämtliche Liebeslieder von Celine Dion vorgespielt bekommt und dabei geohrfeigt wird, während jemand unentwegt sagt: »Den Richtigen gibt es nicht, den Richtigen gibt es nicht!«

Es gibt viele Richtige und viele Falsche. Spaß am Leben bedeutet, sie alle durchzuprobieren.

2. Kapitel
Warum Cinderella uns belogen hat

Wir alle haben mit Grimms Märchenbuch auf dem Schoß Geschichten über hilflose Frauen konsumiert, die komatös vor sich hin vegetierten, bis der Mann des Lebens, besser: der Prinz, kam, um sie zu retten. Und wenn sie nicht gestorben sind, dann vögeln sie noch heute ...

Wie sollen wir jemals verdauen, dass unsere Identifikationscharaktere in Lumpen gehüllte, grau gewandete Jungfrauen sind, dazu verdammt, in der Asche zu hocken, Erbsen zu zählen, von bösen Stiefmüttern drangsaliert zu werden und als beste Freunde über kackende Tauben nie hinauskamen? Auch das ist ein Teil von Cinderella, doch geködert hat man uns als Kinder mit der Kutsche, dem Ballkleid und dem gläsernen Schuh! Reingefallen!!!

Wir identifizierten uns mit weiblichen Charakteren, die in Turmstuben eingesperrt wurden, bis ihr Haar so abartig lang wuchs, dass ein Mann wie ein Wilder an der Palme daran hochklettern konnte, um uns zu befreien. Schließlich musste uns ja einer vor uns selber schützen. Weil wir nicht selber auf uns aufpassen können. Denn dann stechen wir uns an langen Nadeln und fallen 100 Jahre in ein Wachkoma, bis ein perverser Prinz sich durch eine Dornenhecke kämpft, weil ihn offensichtlich die blutleeren Lippen einer Scheintoten anmachen.

Die Rollenmodelle unserer Kindheit waren abnorme Charaktere, deren Schönheit so konzipiert war, dass sie aus vier Zentimetern Taillenumfang und 20 Kilo Brüsten bestehen und, würden sie tatsächlich leben, nach den Gesetzen der Statik nicht mal aufrecht gehen könnten: Welcome to Barbie!

Ein paar Jahre im Script-departement zwischen Walt Disney und den Gebrüdern Grimm dürften genügen, um aus jedem normalen Mädel einen Seelenkrüppel zu machen. Auf diese Weise ist man dann die perfekte Zielgruppe für jede Seifenoper, die sich des kollektiven Bewusstseins von uns Frauen bedient, um Quote zu machen und Werbung zu konsumieren. Unsere Emotionen sind ein kleines Zahnrädchen im wirtschaftlichen Kosmos. Statt Bouquets zum Valentinstag kriegen wir eine Herzneurose. Wir atmen nicht – wir hyperventilieren.

Aus Panik.

Denn 99 Prozent von dem, was uns als Kind zum Thema Liebe aufgetischt wird, ist schlichtweg falsch. Unsinn. Rubbish. Merde. Bullshit. Humbug. Nennen Sie es, wie Sie wollen, es ist unter dem Strich einfach Scheiße!

Und während wir älter werden, geht die Märchenstunde weiter. Zwischen Talk-Shows, Liebesschnulzen, Hollywood-Filmen und »Cosmopolitan« kommen mehr irreführende Informationen zum Thema Liebe in Umlauf als in der Zigarettenreklame.

Immer wieder wird uns infiltriert, dass starke Frauen cool sind und so was wie zärtliche Zuwendung gar nicht nötig haben. Wir berufstätigen, selbständigen Karrierefrauen müssen nicht beschützt werden. Einen Beschützer braucht man nur als dummes Hascherl, das als Hausfrau auf dem Lande lebt. Und die Wahrscheinlichkeit, als Single-Frau über 40 noch unter die Haube zu kommen, sei kleiner, als von einem Terroristen erschossen zu werden!

Liebe und Emotionen sind eh schon kaum kalkulierbar. Und ausgerechnet über diese fragilen Elemente unseres Daseins kursieren die fatalsten Fehlinformationen! Welch aussichtslosen Job hat da die süße Göttin Venus, wenn sie all diesen Müll, der über sie verbreitet wird, sortieren soll?

Denn wir leiden unter dem diffusen Gefühl, dass unsere Träume und Erwartungen angesichts der Wirklichkeit zwei völlig gegensätzliche Universen sind. Ich sage mal grob zu all uns Anfängerinnen in Sachen Liebe: Gebt der Göttin eine Chance und nehmt Amor nicht die Pfeile weg! Unsere Welt wurde von Männern erschaffen. Da ist es doch wirklich an der Zeit, dass wir sie verbessern!

1. Märchenstunde

Allein stehenden Frauen geht es schlecht!

Ich entdeckte kürzlich in einer Frauenzeitschrift einen Artikel über eine kleine Gruppe 40-jähriger Freundinnen mit der Schlagzeile: Glücklich allein! Wir sind Single und das ist gut so!

Offenbar gilt die Tatsache, dass eine Frau in der Mitte des Lebens, die alleine lebt und nicht verzweifelt ist, als eine Neuigkeit! Hätte der Journalist seine Hausaufgaben gemacht, wäre es ihm sicherlich gelungen, noch die ein oder andere Dame aufzutreiben, die ebenso zufrieden mit ihrem Status ist. Nicht auszudenken, wie er mit der Entdeckung umgegangen wäre, dass es nicht nur sechs, sondern sogar acht, vielleicht auch zehn Mädels gibt, die ein zufriedenes Dasein führen, ohne auf einen Partner verweisen zu können, der ihnen am kleinen Schwarzen den Reißverschluss hochzieht. Ich nehme an, der Fakt, dass es Millionen glücklicher Single-Frauen gibt, die an ihrem Status gar nichts ändern wollen, wäre für diesen Redakteur kaum zu verkraften gewesen.

Meine Freundin Alexa, die als überzeugter Single lebt, erklärte mir Folgendes: »Immer wenn ich eine Beziehung habe, komme ich mir vor wie ein Auto, bei dem die ganze Zeit die Air-Condition eingeschaltet ist. Natürlich kann ich fahren, aber mein Motor läuft nicht mit voller Kraft.«

Studien haben ergeben, dass es mehr Haushalte überzeugter Singles gibt, als je zuvor. Wir sind im Kommen! Denn wer alleine reist, kommt ins Gespräch mit Leuten! Keinen Partner zu haben bedeutet längst nicht alleine zu sein. Oder gar einsam!

Wie soll man wissen, welcher Mann der Richtige fürs Leben ist, wenn wir vor unserem Kleiderschrank nicht mal wissen, was wir anziehen sollen? Ich meine, wir haben doch Standards, oder? Ein Leben übrigens auch. Und das gehört uns!

2. Märchenstunde

Wenn der Richtige kommt, spürt man das sofort!

Achtung, hier soll Liebe uns als Instant-Produkt verkauft werden. Quasi tiefgefroren!

Wenn wir der wahren Liebe begegnen, wissen wir das auf den ersten Blick! Also bitte, schlechter Kaffee kann instant sein, Liebe braucht Zeit und Intimität. Das mag eine bittere Pille sein für all jene, die mit großen Kinderaugen zu Weihnachten die Wiederholung von Titanic sehen und ihre Freizeit im Internet-Chatroom am Computer verbringen. Aber eine gesunde Beziehung erfordert nun mal mehr als ein paar gemeinsam geschlürfte Cosmopolitans auf dem Club-Schiff Aida oder sich permanent gegenseitig, na ja, nennen wir es »schmutzige« Hotmails zu senden. Vertrauen, Intimität, Nähe brauchen nun mal Zeit, um sich zu entfalten und zu wachsen.

Als ich noch an die Liebe auf den ersten Blick glaubte, war ich 16. Der Typ sah aus wie Mick Jagger, wir haben zusammen gekifft, »I Can't Get No Satisfaction«

gehört und waren uns einig darüber, dass alle anderen in der Schule Spinner sind. Dem Papst nach hätte ich diesen Mann ehelichen und die Mutter seiner reichen Kinderschar werden müssen. So 12 oder 13 wären es doch inzwischen geworden. Denn Verhütung ist ja bei den Katholiken verboten! Da wär ich jetzt Oma von 34 Enkeln!

Ach, hörn se doch auf!

3. *Märchenstunde*

Karrierefrauen sind Männerhasser oder Lesben!

Also bitte, das ist ja wirklich ein Konzept aus den frühen 80ern!

Als wenn Madonna, Oprah Winfrey, Whoopi Goldberg, Cher, Margaret Thatcher, Angela Merkel, Katharina Witt, Verona Feldbusch-Pooth, Sabine Christiansen, Barbra Streisand, Sharon Stone oder Sarah Jessica Parker niemals geliebt worden wären!

Im Übrigen sind es auch nicht die Lesben, die Männer am meisten hassen. Wieso auch? Lesben sind die Einzigen, die mit Männern nicht in die Kiste wollen, wieso sollten ausgerechnet diese Frauen also Männer hassen? Das meiste Gift, welches gegen Menschen mit XY-Chromosomen verspritzt wird, kommt von verheirateten Hetentussis. Es sind heterosexuelle Frauen, die von den Männern enttäuscht, verletzt, hintergangen, belogen, betrogen, missbraucht und aufgeregt werden. Was kratzt es eine Lesbe, wenn ein Typ am Grab seiner Ehefrau mit der langjährigen Geliebten am Arm erscheint? Es ist doch nicht die Lesbe, die hinterher mit ihm im Auto knutschen muss! Die Frau, die an der Situation zerbrochen ist, war heterosexuell, und nun deckt sie der Rasen.

Für Lesben sind Männer so was wie die Tierschau im Zoo: Die Kerle sind drollig und ekelhaft zugleich, wie

Elefanten, die im Gehege stehen und scheißen! Und danach, wenn der Ausflug in die Tierwelt vorbei ist, geht die Lesbe nach Hause und vergisst das Thema bis zum nächsten Sommer. Der Reinigungstrupp, der in den Käfig geht und die Scheiße wegmachen muss, das sind wir!

4. Märchenstunde

Was sich liebt, das neckt sich!

Stimmt nicht, Jungs ärgern uns, weil sie Arschlöcher sind!

Missbrauch ist kein akzeptables Mittel, um Liebe auszudrücken. Die Männer haben uns inzwischen nur schon so dressiert, dass wir eine schlechte Behandlung als speziell männliche Umgangsform in Kauf nehmen.

Ein Typ, der permanent unzuverlässig ist, argumentiert mit Lausbubencharme, dass dies seine hilflose Art ist, mit partnerschaftlichen Verpflichtungen umzugehen. Dabei verrät sein Verhalten nichts als Egoismus. Wenn wir den ganzen Tag auf seinen Anruf warten, ist das ein Kontrollversuch, uns an ihn zu erinnern, und ein Machtspiel, mit dem er uns schwächen will.

Wir sollten flüchten, und zwar so schnell uns unsere Stilettos tragen!

Sexy mögen »böse Jungs« vielleicht noch in der Oberstufe sein, aber darüber sollte man hinwegkommen wie über den letzten H&M-Trend. Unser Glaube, dass kleine, emotionale Quälereien versteckte, hilflose Flirtversuche sind, entspringt der Märchenstunde, als Großmama uns »Die Schöne und das Tier« vorgelesen hat. In diesem Märchen will man uns Mädels verkaufen, dass unsere Liebe und Ergebenheit ein Monster in einen Traumprinzen verwandeln kann! *Die* perfekte Konditionierung für aussichtslose Beziehungen in Abhängigkeiten zu Alkoholikern! Darauf fallen Frauen rein, die denken, der

Mann wird sich schon ändern, »wenn meine Liebe nur groß genug ist«.

Nein, eine Beziehung ist keine Besserungsanstalt!

5. Märchenstunde
»Käse stinkt«. Oder:
Wer will schon eine Übriggebliebene sein?

Kennen Sie aus Ihrer Schulzeit das Spiel »Der Käse bleibt allein«? Wir im katholischen Kindergarten in Berlin-Charlottenburg haben das oft gespielt. Es geht so: Alle Kinder stehen im Kreis und der »Bauer« sucht sich eine »Frau« aus. Die »Frau« wählt ein »Kind«. Das »Kind« wählt eine »Kuh«. Die »Kuh« wählt einen »Hund«. Der »Hund« wählt eine »Katze«. Die »Katze« wählt eine »Maus« usw., bis keiner mehr übrig ist. Das letzte Kind der Runde bleibt in der Mitte stehen und ist der stinkende Käse. Alle Kinder fassen sich an den Händen, tanzen im Kreis um den kleinen Pechvogel und singen: »Der Käse stinkt, der Käse stinkt«.

Natürlich begleitet uns alle die Angst, übrig zu bleiben. Niemand will der stinkende Käse sein. Wir leben in der festen Überzeugung, dass, falls wir bis zum vollendeten 35. Lebensjahr keinen festen Partner haben, wir als Ladenhüter gebrandmarkt sind und bis in alle Ewigkeit vom Rest der Welt gehänselt werden. Zu lange galten Hohn und Spott den alten Jungfern. Kulturgeschichtlich ist es erst eine Minute her, dass wir Frauen gesellschaftlich mehr wert als Hausrat sind.

Es ist für uns Mädels höchste Zeit, das Konzept der »Übriggebliebenen« zum Scheitern zu bringen! Denn Liebe erblüht für die gegensätzlichsten Menschen jeden Alters in unterschiedlichsten Formen. Natürlich wird dies so nicht von den Medien vermittelt. Denn Medien brauchen Werbekunden. Und die kommen aus der Wirtschaft. Die Wirtschaft will Faltencremes, Anti-Aging-Produkte und Schönheitsoperationen verkaufen. Menschen aber finden Liebe in allen Lebens- und Entwicklungsphasen und nicht, wie die Werbung uns weismachen will, innerhalb einer bestimmten Alterskategorie.

Natürlich mussten die Menschen früher sehr jung heiraten, weil sie schon spätestens mit Ende 30 gestorben sind. Eine Frau von 40 hatte bis zum 19. Jahrhundert ein geradezu biblisches Alter. Wenn heutzutage der Normalbürger 90 Jahre alt wird, dann darf man ja wohl davon ausgehen, dass man auch mit 60 noch den idealen Partner findet! Dann hat man immerhin noch 30 schöne Jahre vor sich. Das sind doch super Aussichten!

Im Übrigen wird Käse mit zunehmendem Alter immer besser. Natürlich nur, wenn die Substanz erstklassig ist. Es ist doch besser, ein feiner alter Gouda zu sein, als eine junge Scheiblette!

6. Märchenstunde

Junge, schöne Frauen haben mehr Chancen!

Prinzessin Diana war eine bildschöne, blutjunge englische Rose und wurde verlassen für einen unspektakulären Rottweiler. Inzwischen regt sich in England niemand mehr darüber auf, dass Camillas Vater ein Pferd war. Natürlich gibt es neureiche Ölbarone auf der Welt, die eine Trophäe zum Repräsentieren als Frau suchen. Genauso wie es Harold-und-Maude-Paarungen gibt, bei denen ein kleiner Peter Pan auf Oma steht. Doch das sind Minderheiten. Die meisten Typen wollen eine Frau an ihrer Seite, neben der sie ungeniert rülpsen und pupsen können. Natürlich stört es dabei nicht, wenn wir trotzdem scharf aussehen. Aber was viel höher im Kurs steht, ist das Bedürfnis, neben der Partnerin ein entspanntes und bequemes Leben führen zu können. Was Menschen wirklich brauchen, ist ein Partner, neben dem man friedlich einschlafen und aufwachen kann, mit dem man reden und lachen kann.

Das ultimative Ziel wäre doch, jemanden zu finden, der auch in schlechten Zeiten nicht durchdreht. Nehmen wir Condoleezza Rice: In einer Beziehung sollte man dieser Frau lediglich die Fernbedienung zur Kontrolle überlassen, aber nicht die Regie im Bett. Wenn man es schafft, diese Frau weder zu ärgern noch aufzuregen, wird auch sie im Laufe der Jahre in den Armen ihres Liebhabers die Kontrolle verlieren und in Ekstase geraten. So sind wir Frauen nun mal – wir mögen als Verteidigungs- oder Außenministerin besser sein als jeder Mann, aber wenn wir unser Herz einem Partner schenken, messen wir die Liebe immer daran, wie sehr wir den Verstand verlieren. Und die Typen stehen darauf!

Falls wir mit erwachsenen Männern zu tun haben – und ich betone *falls* –, dann gilt die Regel: Was Männer *wirklich* in der Liebe suchen, ist ein Kumpel mit Titten! Heben wir also unser Glas auf die alte Schabracke in England, Camilla, diese Ikone aller späten Mädchen. Charles hätte jede haben können. Schließlich gehörten ihm England, Irland, Island, Schottland, Australien, Kanada und Wales. Ich würde inzwischen schon ein gerupftes Huhn vögeln für Cottbus …

7. Märchenstunde

Heten haben's leichter!

In gewissen Kreisen gilt die Überzeugung, dass Normalbürger es leichter als Homosexuelle haben, weil sie ihre Liebe offen ausleben können. Sie feiern pompöse Hochzeiten und erfahren von der Gesellschaft in ihrer gegenseitigen Liebe Unterstützung. Schon das Grundgesetz stellt in Paragraph 1 die Familie unter den besonderen Schutz der Gesellschaft.

Welch zynische Infamie gegen Kleinfamilien, Waisenkinder und Alleinerziehende! Unsere Gesetzgebung spricht sich in perfider Weise gegen alles aus, was jenseits des Vater-Mutter-Kind-Prinzips einen Anspruch auf die Würde des Menschen erhebt. Klinge ich vielleicht bitter? O.k., ich *bin* bitter, denn ich bin dem Staat zwar als lukrative Steuerzahlerin willkommen, die dennoch nicht dieselben steuerlichen Vergünstigungen erhält wie eine auf dem Papier skizzierte »intakte« Familie.

Interessanterweise finden gerade die grauenvollsten Familienverbrechen in der Abteilung Mord und Totschlag, Missbrauch, Inzest und Misshandlung in »intakten« Familien statt. Man kann von Glück reden, dass die neunfache Säuglingsmörderin, die ihre Babys im Blumenkasten vergraben hat, einer »intakten« Familie entstammt – eine ordentliche Frau im Anorak mit Fellkapuze, die zweimal pro Woche im Supermarkt mit dem Einkaufstrolley pünktlich auf der Matte stand. Hätte *ich* so was gemacht, dann ahne ich jetzt schon die Schlagzeile: »DAS MUSSTE JA PASSIEREN: DSCHUNGELQUEEN DURCHGEDREHT! DIE ALLEINERZIEHENDE DÉSIRÉE NICK, 45, bla bla bla …«

Dabei gibt die Quantität der bestehenden Familien in keinster Weise Aufschluss über deren Qualität. Oftmals verstehen sich Männer und Frauen überhaupt nicht. Die Ehepartner misstrauen einander, belügen sich, verraten sich und verharren dennoch in Erstarrung, um gesellschaftlich die Fassade zu wahren. Ja, manche Paare können sich im Laufe der Jahre nicht mal mehr leiden. Sie warten nur darauf, dass der Partner einen Fehler macht und hoffen insgeheim auf die Chance zum Absprung. Erst kürzlich erlebte ich ein extrem gut situiertes »perfektes« Paar, wo der Ehemann in einer größeren Runde von sich gab: »Ich würde mich so gerne mal wieder verlieben.« Seine Frau saß daneben. Ich bin einfach nicht abgestumpft genug, um so etwas hinzunehmen. Aber ich habe ja auch niemanden, der für mich sorgt.

Bei vielen Heten ähnelt die Ehe im Laufe der Zeit einer Versorgungs-, um nicht zu sagen Internierungsanstalt. So ähnlich wie betreutes Wohnen. Da ist jemand, der gratis putzt, einkauft, kocht und fickt. Kühlschrank voll, Hemden gebügelt und Standardsex, wenn der Druck raus muss. Verheiratet zu sein kann sich unter Umständen genauso anfühlen, wie in einer zu heißen Badewanne zu sitzen: Wenn man nur lange genug still hält, gewöhnt man sich irgendwann an den Schmerz!

8. Märchenstunde

Starke Frauen kommen alleine klar!

Jeder kennt den Satz: Eine Frau ohne Mann ist wie ein Fisch ohne Fahrrad. Falsch! Manchen von uns Fischweibern steht nun mal ein brandneues Bianchi Luxusfahrrad mit Campagnolo-Schaltung und einem Gelsitz bezogen mit feinstem Kalbsleder zu. Und das heißt in keinster Weise, dass wir Powerfrauen, Supermuttis, Karrierehexen, Luxustussis oder Superschlampen auf romantische Stunden verzichten wollen. Das Leben als solches ist hart, brutal und einsam. Und das ist kein Märchen. Da ist es ja wohl einleuchtend, dass wir gerne einen Partner neben uns hätten, um das Elend gemeinsam zu ertragen.

9. Märchenstunde

Am Valentinstag muss man Blumen kriegen!

Karten auf den Tisch: Ich habe eine Gemeinsamkeit mit Angela Merkel. Wir haben beide zum Valentinstag noch nie etwas geschenkt bekommen!

Ich gönne wirklich jeder Frau ihre Tchibo-Geschenkebox von Ohrsteckern und Goldkettchen, und – o ja, großzügig wie ich bin setze ich noch eins drauf – ich missgönne ihr nicht das 9,99-Euro-Bouquet von Blume 2000! Die Wahrheit über das Valentinstagsmärchen ist, dass es 99 Prozent aller Frauen betrübt. Was will uns das sagen?

Der 14. Februar ist der einsamste Tag des Jahres für alle Singles. Und nicht nur das: Der Druck lastet ebenso auf den Paaren! Sie geraten plötzlich grundlos unter einen enormen Zwang, denn es heißt, die romantischen Erwartungen zu erfüllen, die mittels Blumenladenreklame und Kitschpostkarten à la Hallmark in uns Frauen seit Mitte Januar angeheizt wurden. Sonst fühlen wir uns wie am 1. Advent ohne Kranz und Stollen: ausgeschlossen, abgeschoben und ungeliebt.

Valentinstag ist so was wie eine große Lotterie: An einem willkürlichen Stichtag wird Kassensturz in Sachen Liebe gemacht. Und der emotionale Status, der am 14. Februar gemessen wird, bestimmt unseren Marktwert. Unter diesen Bedingungen kann man nur Verlierer sein.

Der Valentinstag ist der beste Termin des Jahres, um dem Selbstwertgefühl einen Knacks zu verleihen. Die Einzigen, die sich am Valentinstag amüsieren, sind frisch verliebte Teenager, die einander mit einer Einladung ins Kino überraschen, um beim Knutschen im Trockenen zu sitzen. Für alle Erwachsenen gilt: Wenn du verliebt bist, ist jeder Tag potenziell der 14. Februar!

Valentinstag ist der Trostpreis für alle diejenigen, denen ein echter Partner fehlt. Man sollte diesen Termin zu einem Tag machen, an dem jeder geliebt wird. Nicht zur Attraktivitätsmesslatte für Mädels, die am Markt noch zu haben sind. Nutzen wir den Tag, um der Putzfrau einen Blumenstrauß zu schenken, der Krankenschwester Parfum und dem Briefträger 10 Euro. Aber bis sich das etabliert hat, buche ich weiterhin am 14. Februar einen Termin bei der Kosmetikerin, schenke mir einen neuen Hornhauthobel und gehe früh ins Bett. Natürlich nicht allein. Sondern mit einer Schachtel herzförmiger Marzipanpralinen! Wir Mädels wissen doch am besten, was Frau wirklich braucht ...

10. Märchenstunde

Liebe ist der 7. Himmel!

Klar! Und wenn man an der Schnur zieht, erklingt die Melodie von »Schlaf, Kindchen schlaf«! Solche Mantren sind wie Beruhigungspillen für Erwachsene. Wie der Cognac, den der Testamentsvollstrecker einem ausschenkt, wenn man grade erfahren hat, dass man nur Schulden geerbt hat. Wie der Schnaps, den der Vermögensverwalter hinstellt, wenn er sich mal wieder verspekuliert hat und die Aktien im Keller sind. Wie der Klare, den der Skispringer kriegt, wenn er knapp am Gold vorbeigeschrammt ist und auch noch zur Urinprobe muss.

Liebe macht nun mal aus jedem eine verletzliche, jammernde Mimose! Wenn der Prinz Cinderella tatsächlich auf sein weißes Ross gehoben und auf sein Schloss mitgenommen hätte, wenn Romeo seine Julia lebend in der Gruft angetroffen hätte und die verdammte Post den Brief des Paters Leonardo pünktlich zugestellt hätte, was wäre danach passiert?

Cinderella und Julia wären in Panik geraten, hätten ihren Therapeuten angerufen, einen Termin vereinbart, um über ihre Angstattacken zu sprechen, in dieser Sitzung gestanden, dass alle Orgasmen immer vorgetäuscht waren, und auf dem Heimweg eine Hand voll Prozac geschluckt. Wahrscheinlich hätten sich beide irgendwann liften lassen, und dem Prinzen wäre es egal gewesen, dass Mutti zu Hause mit Schlauchbootlippen am Frühstückstisch sitzt. Natürlich hätte er Cindy nie verlassen. Er hätte ihr am 14. Februar sogar ein Riesenbouquet und Juwelen mitgebracht, als Dank dafür, dass er immer weiß, wo er hingehört, wenn seine russische Geliebte ihm mal wieder den Laufpass gegeben hat, nachdem sie gemerkt hat, dass der Prinz sich niemals scheiden lassen wird.

So. Nachdem wir nun aus der Märchenstunde Kleinholz gemacht haben, lasst uns nach vorne schauen und dem nächsten Arschloch in die Arme laufen, das uns das Konto abräumt und mit unserer besten Freundin schläft!

Liebe Desi!

Hilfe! Ich habe nach sieben Jahren Singledasein tatsächlich ein Date!
Im Baumarkt sprach mich ein Mann an und sagte: »Ich bin wirklich schüchtern, wenn ich fremde Frauen anspreche, aber bei Ihnen wage ich es: Darf ich Sie zum Essen einladen?«
Ich habe reflexartig eingeschlagen, obwohl der Typ mir überhaupt nicht gefällt. Seitdem bin ich verzweifelt. Ich leide unter Schlafstörungen und Angstattacken. Vor allem quält mich die Frage: »Was ziehe ich an?«
Erwartet er etwa, dass ich mit ihm ins Bett gehe? Bitte antworte schnell, das Date ist nächste Woche. Ich würde mich bis dahin am liebsten krankschreiben lassen.

Riccarda P., 48,
Rosenheim

Liebe Riccarda!

Auch wenn es in sieben Jahren dein einziges Date ist, bedenke: Es ist nur ein Date! Egal was du anhast, wenn du kleckerst und mit zittriger Hand die Gabel zum Mund führst, wirst du genauso einen Fleck auf deiner Jeans wie auf dem kleinen Schwarzen haben.
Ich frage mich auch vor jedem Rendezvous, gehe ich im rosa Satinkleid mit einer Swarowski-Krone auf dem Kopf? Einem silbernen Ministretchrock mit hohen Hacken? Einem Nadelstreifenhosenanzug wie eine Börsenmoderatorin? Oder komme ich im Mille-Fleur-Baby-Doll? Jeans und Pulli? Dirndl? Latex? Oder Leopardenleggins? Glaube mir, es kommt nicht darauf an!
Männer bemerken die Aktionen, die wir starten, um die Unterschiede zwischen uns und Barbie zu vertuschen, in den wenigsten Fällen. Wenn wir jedoch einen geilen Arsch haben, dann würden sie nicht einmal merken, dass wir im Handstand ins Zimmer gelaufen kämen. Wähle etwas, worin du dich wohl fühlst. Geh so wie immer, sei du selbst. Also nimm die Jeans mit Bluse.
Ich empfehle dir dringend, nichts Neues einzukaufen, denn das verleiht einem zwanglosen Beisammensein zu viel Bedeutung. Die Aufregung lohnt sich wirklich nicht, denn die Wahrscheinlichkeit, dass es ein schöner Abend wird, ist äußerst gering: Wenn man sich von einem Mann ausführen lässt, in den man nicht verliebt ist, kommt man selten über lahme Witze, verpatzte Pointen, uralte Klischeestorys und nervöses Gekichere hinaus. Ich finde es aber großartig, dass du dem Schicksal eine Chance gibst. Falls es schlecht läuft, dann nimm den Abend einfach als

Übung für dein nächstes Date. Erfolg ist immer eine Frage des Vorbereitetseins. Wenn dann das nächste Mal ein Verehrer kommt, der dir wirklich gefällt, bist du wenigstens schon mal im Training.
Du kannst dir als Überraschung zum Beispiel ein frivoles Haarband um die Stirn wickeln oder eine Tüllschleife hinters Ohr stecken. Wenn der Typ schüchtern ist, wird das ausreichen, um ihn aus der Bahn zu werfen. Solltest du bei einem Langweiler gelandet sein, der dir nur deine Zeit stiehlt, dann bau clever in die Konversation ein, dass du eine katastrophale Hausfrau bist. Wenn du es dann wirklich nicht mehr mit ihm aushältst, sagst du einfach: »Du, ich muss los, ich glaub, ich hab mein Bügeleisen angelassen.«
Vielleicht aber entpuppt sich der Mann sogar als Charmeur, der dich in seinen Bann zieht. In dem Fall würde ich auch beim zweiten Date nicht unbedingt im Ballkleid und mit Krone auf dem Kopf kommen. So was verschreckt die Typen. Dann trag lieber den Nuttenlook mit dem kurzen Latex-Rock und den Stilettos. Das funktioniert bei Männern immer!

Liebe Desi!

Ich bin mit 48 immer noch attraktiv, aber trotzdem Single. Man sagt mir nach, ich könne jeden haben. Die Männer, die ich hatte, kann ich nicht mehr zählen. Waren es 100, 500 oder 1000? Ich dachte immer, irgendwann muss doch mal der Richtige dabei sein. Aber auch wenn's gefunkt hat, mir hat immer irgendwas gefehlt. Bin ich sexsüchtig? Oder komme ich doch noch unter die Haube? Gibt es überhaupt Liebe auf den ersten Blick?

Djamila R.,
Berlin-Lichtenberg

Liebe Djamila!

An deiner Stelle würde ich mir die Frage stellen: Machst du es wirklich nur für die Liebe? Du kannst ja unmöglich jedes Mal verliebt gewesen sein! Oder interessiert dich eher ein Handel im Austausch gegen Naturalien? Ich ahne schon, was dir auf der Seele brennt: Du suchst nach dem Richtigen und gibst dich mit Kompromissen nicht zufrieden. Der Mann deiner Träume muss treu sein, ein Adonis, gebildet, gut aussehend, humorvoll, reich und großzügig, Nichtraucher und ein guter Tänzer. Oder? Ich glaube, dagegen hätte keine von uns was einzuwenden. Aber warum sollte so ein Exemplar a) zufällig dir über den Weg laufen und b) noch zu haben sein? Und selbst wenn es ihn gäbe, vielleicht hat bei ihm eine 18-jährige Doktorandin mit Modelfigur, Industriellenerbe und Adelstitel mehr Chancen?
Jetzt pass gut auf und sprich mir laut nach: Den Richtigen gibt es nicht!
Er ist eine virtuelle Erscheinung deiner Phantasie. Als Single ein spannendes Sexleben zu haben bedeutet, sie alle durchzuprobieren und die Richtigen von den Falschen zu trennen. Merke: Selbst wenn ein Mann sein Herz bereits verschenkt hat, so verfügt dieses doch über gewisse Nebenkammern, die selten unbesetzt sind.

»Liebe auf den ersten Blick« ist nichts weiter als ein literarischer Kunstgriff, um Sex ins Spiel zu bringen. Und das Publikum bei der Stange zu halten. Reale Liebe zu bewältigen beinhaltet Konflikte. Unser Leben ist voll von präorgastischen Spannungen. Niemand interessiert sich für ein Pärchen, das im dritten Akt einander ewige Liebe schwört, wenn beide von Anfang an nur friedlich Eis gegessen und am Strand spazieren gegangen sind. Wir erwarten, dass die Liebe alle Hindernisse besiegt. Der Weg flammender Liebe entfaltet sich niemals ohne Widerstände. Wir erhoffen uns von der Liebe den Beweis der Unsterblichkeit. In Filmen nennt sich das Romantik. Im richtigen Leben Nervenzusammenbruch. Zu viele Frauen wurden zu oft von diesem Konzept enttäuscht. Aber es verkauft sich immer noch blendend. Weil Illusionen Nahrung unserer Hoffnung sind.
Wenn dein Leben eines Tages zur Schnulze wird, dann ergreife die Flucht! Du willst doch gar nicht Star deiner eigenen Soap-Opera sein. Du willst endlich zur Ruhe kommen! Recht hast du. Wer will schon alleine alt werden? Passe dein Beuteschema jetzt deinem Alter und den Umständen an. Mit fast 50 bist du ja auch kein Frühlingsküken mehr!
Wenn du was ändern willst, dann tu Folgendes:
1. Senke deine Anspruchshaltung. Perfektion gibt es nicht, du selbst bist auch nicht perfekt.
2. Überprüfe deine Kriterien: Sind sie altersangemessen oder überholt? Hetzt du dem Bild hinterher, was du als kleines Mädchen vom Traumprinzen in dir getragen hast? Mit Verlaub, passe das Beuteschema deinem Alter an.
3. Viele Frauen kennen den Mann, den sie heiraten werden, schon lange, ohne zu wissen, dass er der Richtige ist. Liebe versteckt sich oft an den geheim-

nisvollsten Plätzen. Schau einfach mal genauer hin. Und sei ein bisschen gnädiger.
4. Was du gibst, ist was du kriegst. Wer mit Zuwendung und Liebe geizt, wird im Austausch nicht mehr als das zurückkriegen.
5. Wenn du einen treuen Papi und echt gute Orgasmen willst, mit einem Mann, für den du das Ein und Alles bist, dann nimm doch einen knackigen Busfahrer oder einen Polizisten. Er wird dir ewig dankbar und stolz auf dich sein. Aber das willst du nicht, stimmt's? Dann halt den Mund und geh beten!

Liebe Desi!

Warum kann ich zur Abwechslung nicht mal einen Hausmann kennen lernen? Sind die nicht mehr in Mode? Einen Mann, der den Müll runterbringt, einkaufen geht und mir Essen kocht? Einen Mann, der meine Eier befruchtet und sich binden will?
Von One-Night-Stands habe ich die Nase voll. Ich suche einen Mann, der zwei Jahre nach der Entbindung zu Hause bleibt, nachts aufsteht, Fläschchen gibt und die Windeln wechselt. Ich bin eine erfolgreiche Pharmavertreterin und viel auf Reisen. Wenn der Vater meiner Kinder kein Hausmann ist, haben wir kein Leben mehr. Ich wünsche mir Kinder, aber mein Terminplan lässt es nicht zu. Wie kriege ich das hin, dass ich ein richtiges Zuhause bekomme?

Peggy E., 31,
Ramsla-Hottelstedt

Liebe Peggy!

Heutzutage haben nicht nur Zigeunerberufe das Problem der Mobilität. Auch Lehrer und Ärzte müssen umziehen, um überhaupt Arbeit zu finden, und sehr selten finden Partner qualifizierte Jobs in derselben Stadt. Ich kenne Paare, bei denen der Mann als Vorstand eines Waschmaschinenkonzerns in die USA versetzt wurde, während die Frau ihre erfolgreiche Kinderarztpraxis weiterführen musste – das ist nun mal das moderne Leben.
In der Praxis sieht es so aus, dass studierte Frauen genau dann auf der Karriereleiter nach oben steigen, wenn die biologische Uhr tickt. Du solltest auf jeden Fall dein Revier verlassen und außerhalb des gewohnten Umfeldes suchen, wenn du auf Hausmänner stehst. Plötzlich diagonal das Terrain zu wechseln ist ein sehr wirksamer Trick, wenn man seinem Leben radikal eine Wendung geben will. Anstatt des Golfclubs könnte man sich ja mal auf einem Sommerfest der Kaninchenzüchter umsehen. Kleingartenkolonien, Schachturniere, Bowlingcenter, Anglervereine, Bauernverbände, Kunsthandwerkerausstellungen, Schnitzereiwerkstätten, Männerchöre, Baucenter, Bibelrunden, Bastelcenter, Esoterikmessen, mittelalterliche Gauklerspektakel, das alles sind Anlaufstätten für Hausmänner.
Du könntest ja auch mal auf dem Arbeitsamt die Flure durchforsten, dir einen Produktionsfahrer oder Kunstmaler angeln. Wie wäre es mit einem ausgedienten Eiskunstläufer? Oder einem Volksmusiker? Es gibt bekanntlich drei sexuelle Orientierungen: homo, hetero, und Volksmusikkünstler. Ich denke, ein Zither- oder Akkordeonspieler, der Traditionen schätzt und bestenfalls am Feierabend zum Schuh-

platteln geht, könnte deine Bedürfnisse erfüllen. Vielleicht bringt er sogar ein Anwesen in Altötting mit und einen Großvater, der im Herrgottswinkel sitzt und Weihnachtsfiguren schnitzt.
Das alles sind Möglichkeiten, die dir offen stehen. Doch fangen wir in deiner Nähe an: Wie wär's mit einem Komponisten, der ganztags zu Hause moderne Operetten schreibt? Hausmusikabende veranstaltet? Oder einem Gärtner, der euch ein idyllisches Gartenparadies zaubert? Einem Clown, der vom Tourneeleben die Nase voll hat? Ich glaube, Hausmann zu werden, erfordert eine ganz bestimmte Mentalität beim Manne, die sich mit Sicherheit schon in der Berufswahl ausdrückt.
Aber meinst du, dass dein Hausmann es genießen wird, mit dir deine Erlebnisse auf dem roten Teppich zu teilen? Dieser Mann wird verdammte Komplexe neben einer erfolgreichen Frau bekommen. Mein Rat: Mach das Portemonnaie auf, zahl für professionelles Personal, nimm dir eine Haushälterin und such dir einen Deckhengst, der die Befruchtung deiner Eier übernimmt.
Vergiss die Sache mit dem Hausmann. Richte doch einen Frauenhaushalt ein mit einer Kollegin, der es ähnlich geht wie dir. Dann nehmt ihr euch ein paar Schwule, die den Haushalt führen und immer für frische Blumen sorgen. Ihr lebt als große, bunte Familie im Reihenhaus.
Wenn der Herrgott uns ein großes Talent geschenkt hat, will er meistens, dass wir auf andere Dinge des Lebens verzichten. Wir sollen arbeiten, die Menschheit beschenken und für unser Glück bezahlen. Und du wirst dich doch nicht mit dem lieben Gott anlegen?

Liebe Desi!

Ich habe neuerdings einen Typen am Hals, der ständig anruft und mit mir Essen gehen will. Ich war einmal mit ihm Kaffeetrinken. Er hat eine eigene Firma, viele Angestellte, mir eine Gucci-Tasche geschenkt und gesagt, dass er endlich Kinder will. Und das alles, bevor wir uns geküsst haben.
Er lebt in einer wunderschönen Villa am See. Leider sieht er Scheiße aus. Aber er ist in mich verliebt. Er macht mich wahnsinnig mit seiner ständigen Anruferei. Meine Mutter beschimpft mich und sagt: »Was hast du zu verlieren? Lass dich einladen. Er ist vermögend und nett. Oder klopft Brad Pitt an deine Tür? Worauf wartest du noch, Fräulein Neunmalklug?« Die ganze Familie ist ihrer Meinung, keiner spricht dabei von Liebe. Stattdessen sagt meine Schwester: »Geh mit ihm aus, dann kommst du wenigstens vor die Tür. Irgendwie müssen wir dich doch mal loskriegen.«
Der Typ ist ein netter Kumpel, aber da ist keine Chemie zwischen uns beiden. Soll ich trotzdem meine Zeit mit ihm verbringen oder soll ich warten, bis einer kommt, dem ich die Sachen vom Leibe reißen will?

Isolde B., 32,
Kalksdeppel

Liebe Isolde!

Was wirst du tun, wenn der Typ, dem du die Sachen vom Leibe reißen willst, bereits einer Schar von Mädels das Herz gebrochen hat? Was wirst du machen,

wenn er all seinen Kumpels erzählt, dass du ein irrer Fan bist, der ihm an die Hose will, obwohl er nicht die leiseste Neigung verspürt, dich ranzulassen? Was machst du, wenn der Mann deiner Wahl dich Scheiße findet?
Vielleicht versagen bei dir die Instinkte. Es gibt eine Menge Frauen, die mit blinder Sicherheit auf den kaputtesten Typen der ganzen Party fliegen und sich lebenslänglich überall die Nieten rauspicken. Ich finde, ein Mann, der ernsthafte Anstrengungen unternimmt und an dir interessiert ist, hat es verdient, dass du einen zweiten, dritten, vierten Blick auf ihn wirfst. Zu deinen einsamen Fernsehabenden kannst du immer noch zurückkehren. Du klingst mir nach einem ganz schön verwöhnten Gör, was noch eine Menge dazulernen muss. Jede halbwegs intelligente Russenbraut aus der Ukraine wäre dankbar und würde wortlos zu ihren Pflichten übergehen. Ich weiß ehrlich gesagt nicht, was du noch vom Leben erwartest. Der Mann ist deine große Chance. Sag deiner Mutter, sie soll mich anrufen. Dir gehört mal richtig der Kopf gewaschen.

Liebe Desi!

Hilfe, ich werde betrogen! Mein Freund Einar, 52, hat eine andere. Wir sind erst sechs Monate zusammen, die Sache sah so gut aus! Mein Herz liegt in 1000 Scherben, denn ich habe es immer geahnt. Ich hab ihn sogar danach gefragt, und er hat immer gesagt »Nein! Du musst mir vertrauen«. Ich habe es erfahren, weil ich auf seinem Handy abgespeicherte Nacktfotos von den beiden entdeckt habe.

Trotzdem bestreitet er weiter alles und sagt, ich sei verrückt! Ich glaube, ich zerbreche daran. Ich hab nie gedacht, dass ein Mensch so leiden kann. Mir ist, als würde ich innerlich verbrennen. Bitte hilf mir. Ich weiß nicht, wie ich den nächsten Tag überstehen soll.

Roxana S., 47,
Solingen-Ohligs

Liebe Roxana!

Ich habe eben eine schwarze Kerze für dich angezündet.
Nun denk mal nach. Willst du wirklich einen Mann neben dir haben, der Einar heißt? Mal abgesehen davon: Ich schwöre dir, der Typ denkt, sein Verhalten sei o. k. Entweder legt er es sich so zurecht, dass er dir nie »mehr« versprochen hat, oder er sagt, alles sei ein großes Missverständnis, oder er schiebt es von sich und sagt: »Wieso darf ich keine andere haben? Wer verbietet mir das?« Oder er schmollt, weil du ihn erwischt hast – egal, auf jeden Fall wird er einen Weg finden, mit moralisch weißer Weste aus dieser Sache rauszukommen.
Wahrscheinlich hast du ihn von dir weggetrieben, weil du »mehr« wolltest. Dieses »mehr« ist eine sehr beliebte, diffuse Grauzone, mit der Männer alles beschreiben, was ihnen Angst macht oder eine Verpflichtung aufbürdet. Männer finden auch, dass man am Anfang einer Beziehung noch gar nicht alles sagen muss. »Lügen am Anfang zählen doch gar nicht«, ist ein typischer Männersatz. Männer haben

einen Geheimcode. Ihrem Standard nach hat ein kleiner Seitensprung nichts zu bedeuten.
Ich empfehle dir, eine Grundsatzklärung vorzunehmen, denn der Typ scheint ja kein Kind mehr zu sein. Bis 30 Jahre lässt sich manches als jugendlicher Wahn entschuldigen, aber ein reiferer Mann, der so was tut? Vielleicht sagt er sogar: »Ich bin noch nicht so weit, nur eine Frau lieben zu können.« Viele Männer fühlen sich mit 70 noch wie kleine Jungs. Du solltest ihm sagen, dass er kurz davor steht, zur Zielgruppe von Bestattungsinstituten zu zählen.
Uns wie dumme Schulmädchen an der Nase herumführen zu lassen, nein Roxana, dafür sind wir zu alt. Du hättest länger warten müssen, bevor du dich hingibst, aber wahrscheinlich warst du ausgedörrt vor Hunger nach Liebe, ich kenne das. Und wenn er um Gnade winselnd wieder angekrochen kommt, dann mach ihm klar, dass du Salome bist: Du willst seinen Kopf serviert bekommen, und zwar auf einer silbernen Platte!

3. Kapitel
Das Märchen vom schönsten Tag im Leben einer Frau

Es war an einem dunklen Dezembertag, als ich an einer verkehrsreichen Ecke auf den Bus wartete und eine vermummte Furie von hinten an mich herantrat, nach meinem Arm griff, ihn mir auf den Rücken drehte und mitten auf dem Kurfürstendamm beschwörerisch wie eine Zigeunerin in mein Ohr raunte: »Fräulein Nick! So wie du lebst, wirst du niemals einen Mann finden. Wie willst du jemals glücklich werden, wenn du alleine bleibst? Dein Kind braucht einen Vater!«

Ich sagte: »Mama, lass mich endlich in Ruhe.«

Meine Verwandtschaft, die ich nur gelegentlich sehe, begrüßt mich traditionell mit den Worten: »Na, immer noch nicht verheiratet?« Ich antworte neuerdings: »Nee, ich ficke nur rum.« Seitdem fragt keiner mehr.

Wie konnte es dazu bloß kommen?

Als ich fünf Jahre alt war, hatte ich nur den einen Wunsch, später einmal Braut zu sein. Ich war ein fabelhaftes Mädchen ersten Ranges. Bräute waren für mich das Größte. Und es gab für mich kein schöneres Spiel, als im weißen Chiffonnachthemd meiner Mutter herumzulaufen, eine alte Spitzentischdecke als Schleier auf dem Kopf und eine Blüte im Haar. Koketterie schien mir in die Wiege gelegt.

Klar, dass unser Frauenhaushalt begeistert war! »Ach

schau mal, die Desi heiratet!«, flöteten mir Mutter, Tante und Oma entgegen und lackierten mir die Fingernägel.

Mit jedem Satz, den sie kundtaten, rutschte die Stimme eine Oktave höher: »Wer ist denn der Bräutigam?«

»Wer der Bräutigam ist, ist mir egal«, lispelte ich zurück und alle kreischten auf vor Begeisterung!

Schließlich ging es ja um *mich*! *Mir allein* sollte als Braut das Zentrum der Aufmerksamkeit gelten! Was hatte dabei ein Bräutigam zu suchen? Der wäre doch nur Spielverderber gewesen, denn er hätte mir am Ende die Schau gestohlen!

Doch was bekam ich zu hören? »Aber ohne Bräutigam kann man doch niemals Braut werden!«

Da haben wir's! Schon mit meinen bescheidenen fünf Jahren hatte ich praktisch alles absorbiert, was mir die Zukunft verpfuschen sollte. Und das, bevor ich an Wasserstoffsuperoxid auch nur gedacht hatte!

Nichts bringt Frauen so sehr um den Verstand wie die Aussicht auf Heirat! Egal ob schwarz, weiß oder kariert, egal ob puritanisch oder progressiv, die Gesellschaft vermittelt jedem kleinen Mädchen das Prinzip Hochzeit als *das* ultimative Top-Event der gesamten Biographie. »Nur als Braut hat man Zukunft«, dachte ich damals. »Und der Bräutigam verfügt über den Schlüssel zu meinem Lebensglück!« Oder, um es mit den Worten einer Fünfjährigen auszudrücken: BOAH!

Bitte verstehen Sie mich nicht falsch! Ich mokiere mich nicht über die Ehe als Institution! Nichts liegt mir ferner als die feministische Überzeugung, dass Männer überflüssig sind und wir Frauen ohne Mann an unserer Seite besser dastehen. Dieses Märchen lasse ich mir nämlich auch nicht erzählen!

Ich gehöre auch nicht zu all jenen, die sich glücklich schätzen, wenn sie am Wochenende allein ins Kino gehen, damit sie ihr Popkorn mit niemandem teilen müssen. Nein, ich gratuliere all jenen, die eine intakte Ehe in ihrem Leben stabil etabliert haben. Die sich nach 25 Ehejahren immer noch beflissen ihrer ehelichen Pflichten erinnern. Die einander nie satt haben. Die einander nie in melancholischen Dämmerzuständen schleichend entgleiten. Jene gehören zu den fünf Prozent der Menschheit, denen die Gnade widerfahren ist, für ein besonderes Glück auserkoren zu sein. Um solche Glückspilze muss man sich nicht kümmern.

Meine Dienste und mein unter vollstem Körpereinsatz erworbenes Wissen richten sich an die verbleibenden 95 Prozent. An die muss ja auch einer denken. Aber als progressive Primadonna, die ich nun mal bin, lehne ich es ab, dass den Lebensumständen all derer, die keine Glückspilze in der Lotterie der Liebe sind, weniger Achtung und Respekt entgegengebracht wird.

Ich meine *Hal-lo*?

Wir sind im 21. Jahrhundert!

Ich fahre in meinem BMW Z4 Cabriolet allein verdammt glücklich einem Sonnenuntergang entgegen. Was nämlich *nach* dem schönsten Tag im Leben einer Frau kommt, gestaltet sich verdammt kompliziert. Schade, dass unsere Mütter uns ausgerechnet das verschwiegen haben.

Wie die Tropfen an einer Fensterscheibe rollen die Jahre ineinander und sickern davon. Erst sind es drei Monate. Dann drei Jahre. Dann 30 Jahre. Vielfältig sind die Berichte von Ehefrauen, die treu ergeben einen pathetischen Querkopf dulden, der sich in verheißungsvollem Schweigen übt.

Niemand hat uns gesagt, dass eine Partnerschaft »bis dass der Tod euch scheidet« ein endloses Ringen zwischen Romantik, Enttäuschung, Erwartungen und Kompromissen ist. Für die Nachkriegsgeneration mag eine Versorgungsehe eine Maßnahme zum Überleben gewesen sein. Doch für Frauen in der Mitte des Lebens haben sich die Motive des Zusammenlebens grundlegend geändert. Die Kinder der 60er Jahre sind die erste Generation der Geschichte, die nicht eine Ehe unter dem Damoklesschwert des Beschütztwerdens, des Überlebens und der gesellschaftlichen Akzeptanz vollziehen müssen. Unsere Generation gönnt sich den Luxus der freien Wahl! Wir haben Macht und Möglichkeiten. Wir feiern die Feste, wie sie fallen.

Galten wir bis vor kurzem noch als Hausrat des Mannes, so liegt inzwischen die Kontrolle über unser emotionales, sexuelles, geistiges, berufliches und finanzielles Schicksal in eigener Hand. Da werden wir ja wohl befugt sein, unsere potenziellen Partner sorgsam zu selektieren! Solange uns ein Mann nicht absolut begehrenswert erscheint, müssen wir keinen Kompromiss eingehen. Was die große Liebe angeht, erheben wir Anspruch auf Verzauberung.

Ich kenne keinen einzigen Mann, mit dem ich 24 Stunden lang, sieben Tage die Woche für die nächsten 50 Jahre zusammen sein will. Den Richtigen zu finden beinhaltet ja nicht nur die Frage, wer dieser Mensch *heute* ist, sondern auch, wo er hin will und wo das Leben einen gemeinsam hinträgt, nachdem man sich Treue bis ins Grab geschworen hat. Ich sage nicht »ja« aus dem falschen Motiv heraus! Mich interessiert, was *nach* Küssen, Kosenamen und Schwüren kommt.

Sollte ich doch noch einen »abkriegen«, steht für mich schon mal fest, dass mein Hochzeitstanz nicht der Wiener Walzer ist. Ich eröffne meinen Ball mit Aretha Franklins »Respect«!

Ich wäre wahrlich nicht Désirée Nick, wenn ich diese Party nicht schon perfekt geplant hätte.

Ansonsten verstehe ich mich als die moderne Antwort auf jegliche Form von Torschlusspanik. Man sollte diesen Begriff zum Unwort des Jahres erklären.

Frauen ab 30 wird vermittelt, sie sollten sich »beeilen«, um noch einen Mann zu »finden«, die »Guten« seien bereits »vergeben«. Die Suche nach einem Partner gestaltet sich wie eine hektische Jagd durchs KaDeWe nach dem günstigsten Prada-Teilchen im letzten Schlussverkauf des Jahres.

Man rast durchs Kaufhaus, durchforstet wie im Wahn Kleiderständer, reißt sich verhakelnde Bügel zur Seite in der Hoffnung, was »Passendes« abzukriegen. Unter Umständen muss man großzügig gebauten Blondinen ein Schnippchen schlagen, indem man ihre klobigen Hände beiseite schiebt und ihnen in Panik das letzte Schnäppchen »am Markt« entreißt, bevor sich die Tore auf ewig schließen!

Torschlusspanik eben! Und ich rede von Klamotten!

»Den Richtigen« für den Rest des Lebens finden müssen, quasi ein Outfit, in dem wir bis ans Ende unserer Tage glücklich werden sollen und das wir nie wieder ablegen, raubt uns jegliches Urteilsvermögen. Es macht uns resolut. Maulend. Jammernd. Mürrisch. Verzweifelt.

Verständlich!

In welchem Märchen hat die Prinzessin jemals zum Prinzen gesagt, sie müsse seinen Heiratsantrag überdenken? Wie würden Kinder reagieren, wenn Cinderella sagen würde: »Ich glaube, ich bin noch nicht so weit«? Dass eine Prinzessin, die geheiratet werden soll, denkt, wäre ein völlig neues Format. Wahrscheinlich ein unpopuläres.

Wir sind gewohnt, dass sich Heldinnen mit einem spontan hingehauchten »Ich will« dem erstbesten »Retter« an den Hals schmeißen. Ein Mädchen, das »an den Mann gebracht« werden soll, hat eben nicht zu denken. Sie hat ihren Willen abzugeben und froh zu sein, dass sie ihrem Erlöser bis ins kühle Grab zu Diensten sein darf.

Eine ganze Industrie lebt davon, den Traum vom schönsten Tag im Leben einer Frau zu verkaufen. Unsere Kinderträume werden ausgebeutet, bis wir davon besessen sind, ein einziges Mal das weiße Kleid tragen zu dürfen, in dem wir aussehen wie eine gigantische Hochzeitstorte. Noch sadistischer sind die bonbonfarbenen Kinderkleider der Brautjungfern aus Taft mit dem passend Ton-in-Ton eingefärbten Schuhwerk. Nicht jeder hat ein Hutgesicht. Und acht Mädels im neckischen Schleierhütchen, von denen sich jede als Super-Star fühlt, sind in Wahrheit nicht mehr als Stupid-Stars! Ich meine, warum tun wir unseren besten Freundinnen so etwas an? Wir degradieren sie zur farblich abgestimmten Hintergrundsdekoration, von der wir uns mit unserem Brautkleid kontrastreich abheben.

Ich plädiere dafür, die Kleider der Brautjungfern schlicht zu gestalten und das Geld in meine Geschenke zu investieren!

Der Bräutigam spielt beim Mythos der Hochzeit nur eine Schattenrolle. Da könnte man genauso gut einen Statisten nehmen. Oder einen Kleiderständer.

Bei so viel Trara um »unseren« Tag ist es nur verständlich, dass wir Ritual und Realität verwechseln. Aber dafür gibt's dann ja das Hochzeitsvideo. Ich finde, man sollte eine Selbsthilfegruppe für anonyme Bräute einrichten, die sich ermattet immer wieder ihr Hochzeitsvideo reinziehen. Was, wenn sie dahinter kommen, dass »ihr Tag« nicht der Schönste, sondern der Einzige bleibt? Als Frau soll man sich zufrieden geben mit einem einzigen Tag, an dem sich alles um uns dreht? Ein Tag, an dem wir Mittelpunkt der Aufmerksamkeit sind, soll unser Leben krönen? Wacht auf, Mädels, kann ich da nur sagen!

Wenn der Mietvertrag für die Kutsche abgelaufen und die Schwanendekoration aus Eis zur Pfütze geworden ist, verblasst der Traum, und die Braut mutiert unmerklich zum Fußabtreter.

Eine Hochzeit ist keine Ehe. In Zukunft wird man weder Braut noch Mittelpunkt sein. Um den einen Moment des Glanzes in der Erinnerung zu behalten und sich den Glauben ans Glück zu bewahren, bedarf es offenbar tatsächlich des Beweismaterials in Form eines Videos. Sonst verliert der große Traum gar zu schnell seine Konturen! Hochzeiten mögen heilig sein, aber haben wir Frauen nicht mehr verdient, als einen einzigen schönen Tag in unserem Leben?

Zu heiraten erfordert ebenso viel Mut wie es nicht zu tun. Ich bin mutig und habe Tausende von Abenden mit Männern verbracht, von denen ich nicht sagen könnte, welcher der Schönste war!

Schade, dass unsere Mütter uns verschwiegen haben, dass Mythen Zeitverschwendung sind – sie verhindern Fortschritt!

Liebe Desi!

Ich habe drei Kinder, bin 37 und eigentlich glücklich. Leider habe ich keine Lust mehr auf Sex mit meinem Mann. Nach dem dritten Kind lief so gut wie nichts mehr. Während ich früh zu Bett gehe, verbringt mein Mann seine ganze Freizeit vor der Glotze mit Fußball gucken.
Nun habe ich einen Supermarktleiter kennen gelernt, mit dem ich mich manchmal treffe. Wie soll ich bloß Zeit finden, mir Freiraum für eine Affäre zu schaffen? Meine Familie weiß doch immer, wo ich bin …

Ilonka P.,
Radebeul

Liebe Ilonka!

Du kleines Dummerle, dein Mann wird nicht dahinter kommen. Wenn Frauen schon fremdgehen, dann richtig, also ohne dass es auffliegt.
Männer machen ja die dümmsten Fehler bei ihren Seitensprüngen und sind noch obendrein beleidigt, wenn sie dabei erwischt werden! Wahrscheinlich halten die meisten Typen uns einfach für zu blöd, um ihnen auf die Schliche zu kommen, aber selten, sehr selten sind unsere Instinkte trügerisch. Meistens bestätigen sich die allerschlimmsten Erwartungen und genau die Tretmienen, in die so ein liebesblinder Hornochse getappt ist, lernen wir zu meiden. Kann ja sein, dass man nach langer Ehe und der Ödnis des Alltags wieder regelmäßig zum Höhepunkt kommt. Leider wird der eigene Mann selten dabei sein!
Für uns Frauen ist das doch eine Sensation, wenn was nebenher läuft, und auf Dauer hält das unsere weiche, zarte Seele eh nicht durch, zweigleisig zu fahren. Von daher genügt es, wenn du dir ein Zeitfenster über einen begrenzten Freiraum schaffst. Ich sage mal: Fußball-WM! Die hat der Herrgott uns Frauen geschenkt, damit unser Leben endlich wieder uns gehört! Dein Mann wird eh fremdbestimmt sein und im Wachkoma vor der Mattscheibe vegetieren. Er wird nicht mal mitkriegen, wenn die Tür ins Schloss fällt und du »zu einem kleinen Spaziergang« frisch geföhnt im Schritt deiner Wege gehst! Hauptsache, du stellst ihm noch einen Kasten Bier hin, Chips und Zigaretten. Da gibt es doch für diesen Mann wirklich kein Motiv, dir nachzustellen.
Schon jetzt würde ich mir einen Kreis von Freundinnen aufbauen, mit denen ich an einem bestimmten Tag einen »Weiberabend« etabliere. Wenn es dann

so weit ist, gehst du einfach zum Beispiel mittwochs zwischen 18 und 20 Uhr statt zu dem Weibertreff einfach zu deinem Rendezvous. Ist doch besser als gar nichts! Oder geh doch Vormittags in einen Fitnessclub. Das Bauch-Busen-Po-Training lässt du dann immer an dem Tag ausfallen, wo dein Supermarktleiter frei hat. Oder beleg doch zusammen mit dem Mann einen Französischkurs an der Volkshochschule. Da kann's ruhig auch mal ein bisschen später werden.
Man sollte Männer eben von Anfang an dazu erziehen, dass sie einmal pro Woche die Kinder ins Bett bringen und den Hausmann geben. Wenn man bedenkt, dass man als Hausfrau 20 Jahre an den Herd gefesselt ist, ist das doch ein großzügiger Deal! Jede Hausfrau sollte sich ein Hobby zulegen – schon allein, um frei zu sein, wenn der Mann vom Supermarkt zur Spritztour lädt!

Liebe Desi!

Ich bin seit 15 Jahren verheiratet und habe die Vermutung, dass mein Mann eine Geliebte hat. Natürlich hat er es bestritten. Wir haben immer noch ein gemeinsames Schlafzimmer, obwohl er schon länger für getrennte Betten plädiert. Das mache ich aber nicht mit, da kann ich mich ja gleich scheiden lassen. Von Erotik kann keine Rede mehr bei uns sein. Manchmal habe ich das Gefühl, mein Mann liegt nur nachts neben mir, weil er hier wohnt. Neuerdings habe ich sogar eine Vermutung, wer die Geliebte sein könnte: seine Sekretärin.
Wir haben drei Kinder und eine Trennung käme für mich niemals infrage.

Ich war nie berufstätig und liebe meinen Mann. Was ist, wenn die schreckliche Ahnung sich bestätigt? Es wäre eine Katastrophe für mich.

Anja S., 38,
Pieselsee

Liebe Anja!

Immerhin hat dein Mann dich noch nicht verlassen. Wenn ihm danach wäre, würde er das längst getan haben. Männer bleiben nicht bei Frauen, die sie nicht mehr leiden können.
Gehen wir also davon aus, dass er die Familie nicht verlieren will. Vielleicht hat dein Mann schön öfters Geliebte gehabt, ohne dass du es bemerkt hast? In dem Fall musst du damit rechnen, dass er mutig geworden ist, alle moralischen Bedenken abgelegt hat und diesen Zustand bereits für eine Selbstverständlichkeit hält. Schließlich hast du es jahrelang durchgehen lassen. Vielleicht unterhält er sogar eine kleine Wohnung, die nur dem Zweck dient, sich dort mit der Geliebten zu treffen. Schon mal so weit gedacht? Vielleicht würde er durchdrehen und dich verprügeln, wenn es keinen Freiraum, keinen Sonnenschein, keinen wirklich privaten Bereich in seinem Leben geben würde, in dem er sich von seinen Verpflichtungen erholen kann. Hast du mal daran gedacht, dass du der Geliebten vielleicht einen Dankesbrief schreiben müsstest? Weil sie eure Ehe immer wieder zusammennagelt und möglicherweise sogar erotisch befruchtet, indem sie das Triebleben deines Mannes stimuliert? Vielleicht hätte dein Mann ohne diese

Geliebte die schwersten Depressionen, unter denen am meisten du zu leiden hättest.
Ich würde an deiner Stelle Kontakt zu der Dame aufbauen, mich mit ihr anfreunden, gegebenenfalls arrangieren und damit rechnen, dass sie diskret hinter dem Sarg herschreitet, wenn dein Mann zu Grabe getragen wird. Oder lass dich scheiden und geh arbeiten!

Liebe Desi!

Ich lebe zur Zeit in Scheidung. Vor ein paar Jahren hat mein Mann unseren Ehevertrag erneuert und ich weiß, dass ich nicht gut dastehen werde. Wir haben ein sehr bequemes Leben, mit einem schönen Fertighaus, und ich möchte den Komfort nie mehr missen. Mein Mann ist ein chronischer Fremdgänger und ich leide darunter. Diese Situation will ich ändern.
Was mir nach der Scheidung bleiben wird, ist ein lächerliches Minimum, wenn man bedenkt, wie wohlhabend mein Mann ist. Allerdings liegt es über dem Einkommensdurchschnitt eines Normalbürgers. Ich wünschte, die Reichen und die Armen wären sozial nicht so ineinander verwoben, dann könnte man emotionale Entscheidungen viel freier treffen. Ich bin kurz davor, meine Scheidung zurückzuziehen, weil ich Angst vor einem sozialen Absturz habe. Ich war nie berufstätig und habe drei Kinder.

Siegelinde W., 56,
Kuckucksheim

Liebe Siegelinde!

Dir sollte klar sein, dass auch ein Leben in Bequemlichkeit und Reichtum seinen Preis hat. Wenn du zu deinem Mann zurückkehrst, um in einer Versorgungsehe zu leben und deine Existenzangst zu verlieren, darfst du nicht erwarten, dass es jemals wieder eine blühende Liebe wird. Der Sexualtrieb ist stärker als wir alle. Je mehr man seine Neigung unterdrückt, umso mehr staut sie sich auf, um dann wie eine Schlammlawine hervorzubrechen, die alles mit in den Abgrund reißt.
Dein Mann wird immer andere Frauen haben. Je mehr eine Frau so tut, als gäbe es die Affären ihres Mannes gar nicht, desto schlimmer wird es sie am Ende erwischen.
Die Tatsache, dass ihr gemeinsame Kinder habt, sollte Grundlage einer vernünftigen Einigung sein. Wenn du dich bereits zur Scheidung durchgerungen hast und weißt, dass dein Mann sich nie ändern wird, dann wäre es ein Rückschritt, wenn du im letzten Moment Angst vor deiner eigenen Zivilcourage bekommst. Es war bestimmt ein weiter Weg, dich innerlich zu verabschieden und deinem Leben eine Wendung zu geben. Wie willst du weiterkommen, wenn du kurz vorm Ziel alle Vorsätze, dich zu befreien, über Bord wirfst?
Wahrscheinlich wird dein Mann es als Erlösung empfinden, wenn du ihm die Freiheit schenkst, und dafür sollte er dich auch finanziell absichern. Menschen müssen heutzutage sehr schwer arbeiten, um ein bisschen an Geld zu kommen. Wenn du einigermaßen gut situiert bist, dann besinne dich auf Werte wie Bescheidenheit und Dankbarkeit, denn der brutale Alltagskampf einer berufstätigen Frau bleibt dir

erspart. Die Karriere frisst uns heutzutage auf, und die Qualität der Mutterschaft ist genau der Bereich, der die meisten Abstriche erfordert. Versuche deinem Mann so viel aus den Rippen zu leiern wie irgend möglich und sei froh, dass du weder in Armut noch in Lüge noch in häuslicher Brutalität, sondern endlich in Aufrichtigkeit und geklärten Verhältnissen leben kannst. Deine Kinder werden von dir lernen, dass man eine unerträglich gewordene Lebenssituation beenden kann.
Was nützt ein Zusammenleben, wenn man schon so lange nicht mehr gevögelt wurde, dass man durch den Raum rutscht, wenn man nur einen Mann sieht?

Liebe Desi!

Hilfe! Ich glaube, ich bin verliebt. Nach elf Jahren ohne Partner. Die Sache intensiviert sich und wir erörtern, ob wir zusammenziehen. Ich bin eine erfolgreiche Boutiquenbesitzerin, war nie verheiratet und müsste mein ganzes Leben ändern. Der Mann ist ein Schweizer Bankier und wohnt am Zürichsee. Ich bin schon so oft verletzt worden, dass ich regelrecht Angst davor habe, wieder eine Enttäuschung zu erleben. Doch er plant eine gemeinsame Zukunft, sagt, er wolle in seinem Alter nicht in wilder Ehe leben. Ich habe Angst, durch eine Fehlentscheidung alles zu verlieren. Wie schütze ich mich? Oder ist er etwa mein Traummann?

Yvonne J., 48,
Fretterode

Liebe Yvonne!

Das ist das Ungerechte an uns Ladys in mittleren Jahren: In der Jugend hat man weniger zu verlieren und muss für eine Liaison nicht so viel aufgeben. Man kann sich den Luxus erlauben, sich blauäugig ins Glück zu stürzen.
Liebe ist die Illusion, dass jeder Partner anders wäre als der Vorherige.
Ganz wichtig ist, dass du dein Leben für ihn nicht änderst. Behalte dir dein Mysterium! Das wird nicht gelingen, wenn er alles von dir weiß und du dein gesamtes Leben mit ihm teilst. Du bist und bleibst ein ausgereiftes Individuum und die einzige Garantie, die du in deinen Händen hältst, ist, dass du für dich selbst verantwortlich bist. Also investiere in dich – nicht in ihn. Verstehst du das? Der Nebeneffekt ist, dass Frauen, die ein Eigenleben haben, immer anziehender auf Männer wirken als jene, die vors Joch gespannt sind.
Es gibt für uns reife Mädels nur einen einzigen Grund, unser Leben für einen Mann zu ändern: Wenn er uns den Himmel auf Erden bereitet, die Last, die wir tragen, von uns nimmt, die Pretiosen zu Füßen legt und uns auf Knien anfleht, seine Frau zu werden, weil er ohne uns nicht mehr leben kann. Halbe Sachen überlassen wir den jungen Dingern! Ein Mann von Format wird das verstehen. Wäre es nicht ein Traum, liebe Yvonne, einmal im Leben rechtlich abgesichert zu sein? Du brauchst ein Stück Papier, auf dem steht, das sein auch dein ist – sonst muss er auf dich verzichten. Ich glaube, wenn er wirklich toll ist, nimmt er dich! Wie schön: eine reife Frau im Brautkleid. Wie Barbra Streisand!

4. Kapitel
Männer stehen auf Arsch, Frauen auch

Wer ist attraktiver? Angela Merkel oder Pamela Anderson?

Wenn Sie dieses Buch lesen – was darauf hindeutet, dass Sie ein Mensch von Intelligenz und gutem Geschmack sind –, dann wählen Sie (wie ich) Pamela. Denn Sie wissen genau, dass es glücklicher macht, gut auszusehen, als die erste Bundeskanzlerin Deutschlands zu sein!

Klar, beide Frauen haben mit derselben Beflissenheit aus ihrem Leben etwas gemacht – und zwar was völlig Gegensätzliches. Ein Vergleich beider Lebensentwürfe lohnt, zeigt er doch recht plakativ, welche Alternativen sich Frauen heutzutage bieten. Wobei natürlich der persönliche Look von Frau Merkel an die Grenze des Erlaubten stößt. Sich über den Appeal der ersten Bundeskanzlerin zu äußern ist heikel. Ich würde ihr zu gerne bei Gelegenheit zuraunen: »Angie, du bist eine Klassefrau! Steh dazu, trag Strümpfe!« Doch genau aus Angies verbohrter Entscheidung, auf alles weiblich Verlockende strikt zu verzichten, ergibt sich die Spannbreite im Vergleich mit Pams offensivem Edelschlampenlook.

Wir haben den perfekten Gegenentwurf: Die eine hat ihren Körper geformt, die andere die Geschichte.

Beide haben Macht. Mrs. Anderson verfügt über die Macht, global Männer zu stimulieren. Aber das tut ein billiges Pornoheftchen auch. (Uns Frauen reicht zur Befriedigung ja schon ein Stück American Cheesecake.) Im Gegensatz dazu widerlegt Frau Merkel die These, dass Erfolg sexy macht. Die eine hat Geschichte geschrieben, ohne ein Fünkchen Sex-Appeal zu haben, (zumindest keinen sichtbaren), die andere aus ihren erotischen Qualifikationen ein Imperium geschaffen.

Würde Andy Warhol noch leben, hätte er längst Pams Gesicht zur Tapete gemacht. So wie einst das von Norma Jean. Marilyn Monroes Leben war eine Serie von Tragödien und sollte uns alle daran erinnern, dass Sex-Appeal und Schönheit zwar hilfreich sind, um mit ein paar Kennedys in die Kiste zu steigen, aber weder Liebe, Respekt noch ein glückliches Leben garantieren.

Wie tröstlich für uns alle, dass Angie Macht hat, ohne eine Bombe im Bikini zu sein. Genau wie Marie Curie, Helen Keller, Mutter Theresa oder Anne Frank. Kennen Sie Clara Barton? Flach wie ein Bügelbrett und ganz nebenbei die Gründerin des Roten Kreuzes. Wenn sie im Lazarett aufgetaucht ist, wusste man nie, ob sie kommt oder geht. Für Menschen im Fieberwahn war nur an ihrer Brosche zu erkennen, wo vorne ist.

Oder Margaret Sanger? Hat mehr für die sexuelle Befreiung der Frauen weltweit getan als Madonna. Golda Meir? Ist nie in Hot Pants über einen roten Teppich gegangen und hat dennoch die Welt verändert. Da kann doch keiner sagen, uns Frauen böten sich nicht vielfältige Möglichkeiten!

30 Frauen haben bis heute den Nobelpreis in Physik, Chemie, Medizin, Literatur und den Friedensnobelpreis gewonnen. Kennen Sie eine davon? Wissen Sie, wie diese Frauen aussehen?

Und sogar Showbusiness und Popkultur werden durch erfolgreiche Frauen geprägt, die nicht unbedingt einen Schönheitswettbewerb gewinnen würden. Nein, Mae West, Bette Midler, Liza Minelly, Bette Davies, Roseanne

Arnold oder Edith Piaf hätten bei einer Miss-Wahl höchstens Gutscheine für den Schönheitschirurgen gekriegt. Diese Frauen wurden angetrieben durch ihr Talent. Sie waren clever, smart, exzentrisch, stark, witzig, verrückt, schrill, eigensinnig, markante Einzelkämpferinnen gegen den Strom. Komplizierte Frauen. Originale. Nicht gerade das, was man »nett« nennt. Die Allgemeinheit hätte sie als »schwierig« abgestempelt. Aber egal: Intelligenz und Persönlichkeit haben sie weiter gebracht als ihr Sex-Appeal.

Es tut gut daran zu denken, dass diese Ikonen weder klassische Schönheiten waren, noch als Spind-Modell jemals eine Chance gehabt hätten. Diese Frauen hatten keine Angst, eine Zicke zu sein. Sie wollten es auch nicht jedem recht machen. Es hat sie überhaupt nicht interessiert, was andere über sie reden oder denken. Sie fanden es besser, nicht geliebt zu werden, aber so zu bleiben wie sie sind, als Anerkennung zu ernten und sich dafür zu verbiegen. Wo sind all die zurechtgeschnipselten Beautys abgeblieben, die den Trend der Zeit kopiert haben?

Meine Heldinnen sind eher markant als schön. Eher unangepasst als bequem. Und erstaunlicherweise haben ihr Appeal, ihre Worte, ihre Arbeit, ihr Einfluss die Zeit überdauert. Diese Gallionsfiguren hatten den Mut, sie selbst zu sein. Denn es darauf anzulegen, von allen geliebt zu werden, ist die sicherste Garantie, auf ganzer Linie zu scheitern.

Die versteckte Botschaft unserer Kultur lautet, dass es unmöglich ist, intelligent, erfolgreich, unabhängig und gleichzeitig begehrenswert und sexy zu sein. Würde Angie aussehen wie Pam, hätte sie ihren Weg niemals zu Ende gehen können.

Die erfolgreichen Heldinnen einer Rosamunde Pilcher sind schön und beliebt, doch sie besitzen nicht mehr Tiefe als ihr Dekolleté. Man könnte fast annehmen, dass dahinter eine kulturelle Verschwörung steckt. Würden Frauen weltweit die Kosmetikindustrie boykottieren, würde der Planet Erde aus seiner Achse kippen. Theoretisch haben wir die Macht, aber wir lassen das natürlich bleiben. Wer will schon mit grauen Haaren, schuppiger Haut und Augenringen als intellektuelle Furie gelten? So bleibt alle Macht beim Bustier.

Nehmen wir beispielsweise die »Karriereseiten« in den Frauenzeitschriften! Klar, sie sind nützlich, wenn man wissen will, ob es empfehlenswert ist, mit dem Abteilungsleiter Sex auf dem Kopiergerät zu haben. Aber ich werde den Eindruck nicht los, dass sie die Karriere einer Frau als Hobby darstellen. Da geht es um »Power Lunch« und »Aufstiegsmöglichkeiten«, während kurvige Models »Business-Look«, »Karrierekostüme« und »Bewerbungsoutfits« präsentieren. Wozu? Um vom Vorgesetzten, der Kordanzüge und Entencomics liebt, sexuell belästigt zu werden? Oder setzt die »Cosmopolitan«-Typberatung voraus, dass die Rechtsanwältin oder Ärztin eh nur den Männern gefallen will, um geheiratet zu werden?

Ironischerweise werden wir in diesen Blättern mit Anleitungen bombardiert, wie man »erfolgreich« die »Kunst des Fellatio« meistert oder seine Oberschenkel in Cellophan einwickelt, um die Cellulite zu besiegen, aber bezüglich der Karriere werden wir mit beeindruckenden Weisheiten wie »verzichten Sie beim Bewerbungsgespräch auf blauen Nagellack und Ihr Zungenpiercing« abgespeist. So ein Ratschlag kann böse Folgen haben, wenn es um die Stellenausschreibung eines Hip-Hop-Plattenlabels geht, das man aus seiner Talsohle zu einem Multimillionendollarimperium führen soll.

Für Millionen von Frauen repräsentiert die physische Erscheinung das Haupthindernis, wenn es um Selbstvertrauen und Beruf geht. Wenn zwei Frauen dieselbe Qualifikation haben, wird diejenige den Job kriegen, die besser gebaut ist! Wir sollen Karriere machen mit 50 kg Körpergewicht und einem Konsum von 1200 Kalorien pro Tag. Gott sei Dank ist das nicht schwer! Und während wir auf der Karriereleiter emporsteigen, sind wir uns der Tatsache bewusst, dass die Typen, an denen wir vorüberziehen, uns nur den Vortritt lassen, damit sie uns unter den Rock schauen können.

Und wenn wir es uns mal im Wellnessbereich unserer Sauna richtig gut gehen lassen, dann blättern wir in der »Cosmopolitan« und dürfen Tipps konsumieren wie:

»Schlüpfer in den Kühlschrank legen, einparfümieren und IHM in einem Umschlag voller Konfetti in SEIN Büro schicken.« Frauen sollen sogar noch im Job die Phantasien der Männer bedienen!

Ob ich chinesische Seidenpantoffeln designe oder unterprivilegierten Kindern Tauchen beibringe, Tage, an denen das Haar nicht sitzt, gehören zu den Tiefpunkten. Die härtesten Schlachten im Leben einer Frau werden nicht im Vorstandszimmer oder Gerichtssaal geschlagen, sondern jeden Morgen neu im eigenen Badezimmer. Zwischen Spiegelbild und Waage baden wir die vergifteten Werte unserer Gesellschaft aus!

Was haben sich Frauen verschiedenster Kulturen seit Urzeiten schon alles antun müssen, um ihre Schönheit zu manipulieren? Da wurden Krüppel-Füße abgebunden, durch Eisenringe Giraffenhälse gezüchtet und Silikonimplantate in der Größe von Fußbällen unter die Haut genäht! Alles, um sexuelle Macht zu demonstrieren. Und wohin hat uns das gebracht? Werden wir besser bezahlt? Haben wir dieselben Karrierechancen wie Männer? Gilt es als normal, wenn wir Pilotin werden und einen Jumbo fliegen? Bekommt eine Alleinerziehende steuerliche Erleichterungen? Hilft uns einer beim Bügeln? Nimmt man uns ernst, wenn wir einparken? Nein!

Bitte verstehen Sie mich nicht falsch, ich bin wirklich

die Letzte, die sich gegen Schönheit ausspricht! Eher bin ich eine derjenigen, die mitgeholfen haben, eine Multimillionendollarindustrie zu unterstützen, in der vagen Hoffnung, die Unterschiede zwischen Cindy Crawford, Barbie und mir zu vertuschen. Ich oute mich als Viva-Glam-Lipstick-Junkie und ich bin süchtig nach Lipgloss. Wo käme ich denn hin, wenn man mich auf meine inneren Werte reduzieren würde? Aber ich habe was dagegen, Frauen in Kategorien einzuteilen, die mit bestimmten Vorschriften behaftet sind, was Attraktivität angeht.

Warum darf eine Bibliothekarin nicht aussehen wie Liz Hurley? Warum muss eine Bundeskanzlerin auf dem roten Teppich in den geliehenen Mänteln von Helmut Kohl daherkommen? Wieso werden Business-Frauen auf »coole« Hosenanzüge reduziert?

Entscheidungen können doch in Blümchenkleid und Stilettos genauso effizient getroffen werden.

Die Frau übernimmt nach wie vor entweder die Rolle des lieben, netten Mädchens oder der Zicke. Man wurde erzogen unter der Auflage, süß, lieb, freundlich, angepasst und beliebt zu sein. Aber wie soll man es jemals schaffen, nach einer Gehaltserhöhung zu fragen, wenn man sich nicht mal traut, im Restaurant das Essen zurückgehen zu lassen?

Ratsam wäre es, man selbst zu bleiben und die eigene Persönlichkeit zu kultivieren, anstatt sich weichgespült dem Strom der Zeit anzupassen. Am Ende werden immer jene die Schlacht gewinnen, die sich selbst treu geblieben sind. Und egal ob Zicke, Schlampe oder Diva, nur Authentizität macht auf Dauer liebenswert!

Sieger sollen plakativ, mystisch, unterhaltsam, bunt und menschlich sein. Wer Präsident ist, darf es sich auch leisten, zu McDonald's zu joggen und Zigarren in eine Praktikantin zu schieben. »Wow, der ist ja genauso geil, versaut, hungrig und moralisch labil wie der Rest von uns«, sagt man sich und identifiziert sich mit den Beckers, Clintons, Kahns, Beckenbauers oder Beckhams.

Willkommen im 21. Jahrhundert! Wir leben in einer Zeit, in der Frauenfußball die coolste Sache zwischen PMS und Nagellack ist. Da können wir es uns getrost leisten, ein bisschen rumzustänkern. Die nächste Stufe der Zivilisation wird erreicht sein, wenn eine Frau wie Pamela Anderson Bundeskanzlerin wird und man sie dafür respektiert, dass sie ihr Land nach vorne bringt.

Seit Urzeiten hat man uns beigebracht, dass Frauen an ihrer Schönheit gemessen werden. »Männer werden visuell durch das erregt, was sie sehen«, wird uns erzählt.

Doch inzwischen beziehen wir unsere Informationen aus zeitgemäßen Quellen.

»Wenn's sein muss, ficken Männer alles«, lesen wir dort. Das haben unsere Mütter uns natürlich verschwiegen!

Aber was stimmt denn nun?

Müssen wir überhaupt schön sein, oder kriegen wir sowieso einen ab? Ja, es ist wahr, viele Männer sind auf »physische Ideale« fixiert. Aber der Herrgott gibt seinen Kindern in der Gesamtbreite ihrer Spezies dieselben Chancen. Das ist ein Darwin'sches Gesetz! Was Männer nämlich als »ideal« betrachten, hat eine viel größere Bandbreite, als Frauen annehmen – und zwar in all ihren Verzerrungen! Kerle stehen nun mal auf dicke Frauen, haarige Frauen, unbehaarte Frauen, maskuline Frauen, alte Frauen, tätowierte Frauen, hässliche Frauen, dominante Frauen, kleinwüchsige Frauen, rothaarige Frauen, Zwerginnen, verfettete Wuchtbrummen, Ballenfüße und Damenbärte. Ihre erotischen Möglichkeiten kennen keine Grenzen. Sie sind polymorph pervers und stehen auf alles! Auf Rubensfrauen mit Kuheutern ebenso wie auf asiatische Kindfrauen ohne Brust.

Also entspannt euch! Liebe, Sex und erotische Erfüllung werden euch auch dann begegnen, wenn ihr keine großen Schönheiten seid. Was immer das heißen mag. Denn für manche Typen sind wir schön, wenn wir möglichst viel Pelz auf den Brüsten haben.

Schönheit unterliegt sowieso nur einem einzigen Gesetz: Egal, wie viel man investiert hat, um attraktiv zu sein, egal, wie schlank, fit und braun man ist, der eine Tag, an dem wir eine Wurzelbehandlung hatten und mit Schmerzen und schiefem Mund im Jogginganzug verstört in die Apotheke taumeln, wird der Tag sein, an dem wir rein zufällig unserem Exliebhaber in die Arme laufen!

Liebe Desi!

Ich bin 90 Jahre alt. Ich mag, wie ich aussehe, und ich habe einen festen Freund. Wir haben uns hier im Altenstift kennen gelernt. Ich habe ihn angeschwindelt, er glaubt ich sei 84! Nur weil ich »Mitte 80« bin, heißt das noch lange nicht, dass ich kein Make-up mehr trage. Ich benutze jeden Tag Mascara und roten Lippenstift. Meine Augenbrauen habe ich mir mit permanent Make-up nachzeichnen lassen. Mein Freund ist 10 Jahre jünger als ich. Er hat im Krieg ein Bein verloren. Bin ich frivol? Manchmal denke ich, die Nachbarn reden schon ...

Hertha M., 90,
Pellworm

Liebe Hertha!

Nein, du musst dich wirklich nicht für frivol halten. Sicher, es mag immer Menschen geben, die all das frivol finden, aber wo wären wir, wenn wir uns immer am kleinsten gemeinsamen Nenner orientieren würden? Wenn die Welt sich nach den ewig Gestrigen richtet, dann würden wir heute noch auf Bäumen sitzen.
Gerade die Schlafmützen sind die Leute, die du wachrüttelst und mit der Realität des Lebens konfrontierst. Wenn Gott dir einen Mann schickt, der witzig, liebevoll, großzügig und warmherzig ist, und ihr zusammen sein wollt, dann mach aus den Gegebenheiten das Beste. Wir Frauen sind in der glücklichen Lage, uns auf kreative Weise immer neu zu erfinden. Bis ins hohe Alter können wir Farbe und Make-up benutzen, um uns attraktiver zu machen, und das ist ein Privileg! Damit feiern wir uns selbst und das Leben.
Wenn du diejenige bist, die den Mythos zerstört, dass wir jemals für die Liebe zu alt werden, dann gratuliere ich dir. Wenn du 100 bist, ist er 90. Ihr werdet euch nie streiten, denn du hörst bald nicht mehr, was er sagt. Ich finde, ihr seid das ideale Paar! Deine Sorge, was die anderen denken, finde ich entzückend, denn nicht mal im Alter können wir Frauen unsere schüchterne Weiblichkeit verleugnen.
Es ist ein weit verbreiteter Irrtum zu glauben, dass Liebesfähigkeit ein Verfallsdatum habe. Im Gegenteil: Von allen Sinneswahrnehmungen schwindet im Alter die Fähigkeit zu lieben als letztes. Wenn wir also die Gehhilfe vor uns herschieben, Flaschenböden als Brille tragen und das Hörgerät pfeift, dann werden wir immer noch in der Lage sein zu lieben.

Leider werden wir nicht mehr mitkriegen, wen. Darum sollten wir anfangen, unsere Gefühle zu verschenken, solange wir noch bei Trost sind. Und das ist auf jeden Fall heute. Die Liebe ist nun mal ein Jungbrunnen, da bleibt jedes Anti-Aging-Produkt auf der Strecke. Am entspanntesten liebt es sich doch, wenn man es sich gemeinsam bequem macht. Legt eure Beine hoch (zumindest soweit vorhanden, pardon!) und lasst die anderen für euch rennen. Gemeinsam dem Sonnenuntergang entgegenzuschreiten ist doch der schönste Lebensabend, den man sich wünschen kann.
Eine Rose ist eine Rose ist eine Rose. Und ein Lippenstift ist ein Lippenstift ist ein Lippenstift. Mach dir keine Sorgen, Hertha. So lange sich noch eine Krankenschwester findet, die dir die Konturen vorzeichnet, solange wirst du rote Lippen haben. Versprochen!

Liebe Desi!

Ein befreundeter Modedesigner auf Ibiza hat mir gesagt, ich soll zu Leggings hohe Hacken tragen, mir ein Arschgeweih tätowieren und Extensions wie Donatella Versace einflechten lassen. Ich bin 62 Jahre alt. Soll ich auf ihn hören?

Uschi K.,
Holbergshausen

Liebe Uschi!

Nein, gib diesem Kumpel einen Tritt in den Arsch! Für deinen weiteren Lebensweg wünsche ich dir alles Gute.

Liebe Desi!

Ich habe ein Riesenproblem: Ich hatte einen Freund, der auf kleine Brüste stand.
Schon immer hatte ich einen sehr großen Busen und alle Oberteile haben gespannt, vor allem, weil dazu ich noch eine sehr schmale Taille habe und ansonsten schlank bin. Nix passte! Deshalb habe ich mir, von Natur aus Doppel D, den Busen auf 70 B verkleinern lassen.
Nun hab ich einen Mann kennen gelernt und bin seit einem Jahr total verliebt. Er steht aber auf große, dicke Brüste und ist ausgeflippt, als er alte Fotos von mir sah. Ich hab mir überlegt, dass ich ihn zu Weihnachten gerne überraschen würde, indem ich mir den Busen wieder so aufbauen lasse, wie er war. Soll ich das machen?

Jennifer, 31,
Bad Doberan

Liebe Jennifer!

Wie soll das denn mit dir weitergehen? Du kannst dir doch nicht für jeden Kerl den Busen umoperieren

lassen! Da muss ich aber wirklich mit dir schimpfen! Der liebe Gott hat dich als Sexbombe erschaffen, und du änderst göttliche Pläne mit dem Skalpell! Marilyn hat geschüttelt, was sie hatte, und die Dinger so eingesetzt, wie sie von der Natur konzipiert wurden. Andere nehmen Kredite auf und zahlen ihre Brüste in Raten ab, bevor sie überhaupt von »ihrem« Busen sprechen dürfen. Ich verstehe ja, dass man Narben in Kauf nimmt, um einen größeren Busen zu bekommen – aber Narben, um flacher zu werden? Da hat man ja gleich zweimal die Arschkarte gezogen!
O.k., mag sein, dass du Rückenprobleme hattest oder beim Aerobic über deine Brüste gestolpert bist – ich will nicht urteilen, sondern deine Entscheidung einfach mal respektieren. Aber mach mit deinem Busen in Zukunft das, was du willst, und nicht, was die Männer dir sagen. Von mir aus kannst du ihn auch wieder zurückoperieren lassen, immerhin bringst du mit deinem Hin und Her die Wirtschaft auf Trab. Nur solltest du für dich entscheiden, als welcher Typ du wahrgenommen werden willst, und das nicht dauernd ändern. Frag dich doch mal, was du willst? Stehst du auf Intellektuelle, die sich nur durch Geist animieren lassen? Akademiker, die sich durch provokante Äußerlichkeiten eher bedroht fühlen? Oder willst du dich in Strapsen und hohen Hacken an den Herd fesseln lassen, Bratkartoffeln machen für einen wohlproportionierten Bauarbeiter? Selbst wenn du mittels Silikon dein altes Format wieder aufbaust, wie willst du glaubhaft machen, dass dies dein echter Busen »gewesen wäre« (!), wo du doch jetzt die Narben hast? Du musst ja auch bedenken, dass bei jeder Vollnarkose Millionen von Gehirnzellen auf immer und ewig vernichtet werden!
Ich bin ja schon froh, dass du dir nicht für jeden

Liebhaber die Nase ändern lässt. Dein jetziger Freund hat dich doch so kennen gelernt, wie du bist, und dich akzeptiert, trotz Bügelbrett mit Narben. Er begehrt dich! Daran erkennt man doch schon, dass er dein Wesen, dein Herz und dich als Mensch liebt. Schenk ihm doch deinen »alten Busen« nicht zu Weihnachten, sondern zur Hochzeit! Der Mann scheint es wert zu sein. Aber danach ist dann auch Schluss mit der Schnippselei. Ich würde mir den Busen nie vergrößern lassen. Sollen die Kerle sich doch ihre Hände verkleinern!

Liebe Desi!

Jedes Mal, wenn ich mit einem neuen Mann ausgehe, bekomme ich garantiert riesige Pickel! Auf dem Rücken viele kleine Frieseln und unübersehbar immer einen großen entzündlichen Eiterpickel im Gesicht. Auch Erkältungen, Heiserkeit und Nesselfieber, Ausschlag und Heuschnupfen, ja sogar Migräneanfälle stehen auf meiner Liste. Was kann ich dagegen tun?

Carmen N., 44,
Muschebach

Liebe Carmen!

Glaub mir: Selbst wenn du ein Date Jahre im Voraus ausmachen würdest, dein Pickel käme pünktlich auf den Tag, an dem ihr euch trefft. Wenn du das nun schon so genau weißt, warum unternimmst du dann

nichts? Du lieferst dich deinem Schicksal aus, anstatt etwas zu unternehmen. Gut, den ersten Schritt hast du ja getan, indem du mir geschrieben hast. Also: Ich würde an deiner Stelle vorher ins Solarium gehen. Das trocknet die Haut aus und verringert die Wahrscheinlichkeit, Pickel zu bekommen.
Schon eine Woche vor dem Date würde ich Unmengen Wasser trinken, gesund essen, peinlich genau meine Beautyroutine durchführen und mich beim Dermatologen entsprechend versorgen lassen. Geh drei Tage vor dem Date zu einer Kosmetikerin zum Ausreinigen oder besser noch zum Acid Wash.
Ich würde die neuesten Pickelabdeckstifte sondieren und auch an Tagen, an denen nichts ansteht, deren Anwendung üben. Die letzte Nacht vor dem Date würde ich komplett mit Nivea-Anti-Pickel-Pflastern bedeckt zu Bett gehen und vorm Schlafengehen in Affirmationen 100-mal in mein Tagebuch schreiben: Ich bekomme heute Nacht keinen Pickel! Ansonsten hilft nur eins: beten, beten, beten.
Wenn du das alles getan hast und keinen Pickel kriegst, bitte, liebe Carmen, schreib mir, ob wir im Kampf gegen die Bestie Acne vulgaris erfolgreich waren!
Sag mal, ist der Typ, mit dem du dich triffst, das alles überhaupt wert? Ich wette, er hat irgendwo eine Warze und kümmert sich nicht mal drum!

Hi Desi!

Ich bin ein großer Fan von dir, aber ich finde es schade, dass du dich so verunstaltest mit deinen Haarteilen, falschen Wimpern, portablen Brüsten *und stundenlangen Make-up-Sessions. Dafür, dass kluge, tolle Frauen sich so als Lustobjekt zurecht machen, sind wir doch nicht auf die Straße gegangen. Dein Kopf ist gut, aber mir wäre lieber, du wärest eine von uns – ein flotter Kurzhaarschnitt und kein Make-up, eine chice Military-Hose zu Biker-Boots und ein paar T-Shirts. In dir steckt ein sportlicher Kampfgeist, warum bloß diese billige Anbiederungsnummer? Hast du Angst, dass du keinen Kerl abkriegst?*

Ulrike F., 43,
Essen

Liebe Ulrike!

Der Look, den du beschreibst, meine Süße, würde an mir auch so sexy aussehen, dass ihr euch ins Mark getroffen fühlen würdet: Die Kerle würden mich als Fetisch-Braut und Motorradluder in der KFZ-Werkstatt flachlegen wollen, ich wäre dann eben eine hausgemachte Handwerkerbraut und da geht's ganz schön zur Sache, weil die den Kopf frei und mangels gesellschaftlicher Verpflichtungen den Bauch noch in Ordnung haben.
Nein, mein Engel, das erlaubt leider mein Zeitplan nicht, dass ich sowohl die läufigen Mädels als auch die hartgesottenen Kerle im Arbeiter- und Bauernstaat versorge. Ich komme mit den Anfragen der Männer ja so schon kaum zurecht. Man weiß doch, das ich schlecht »nein« sagen kann. Und wenn nun noch meine potenzielle Attraktivität auf die Lesben projiziert werden würde, ja wo kommen wir denn da

hin? Aber ich verspreche dir, das ich dieses Styling aufgreifen und verwerten werde. Ich sehe zunehmend sehr flotte Exemplare und richtig scharfe Mädels in euren Kreisen. Die holen die Kohlen aus dem Feuer für das, was ihr jahrelang habt schleifen lassen. Euren Ruf habt ihr euch ja selbst zu verdanken und ich finde es großartig, wenn sich da jetzt was ändert. Vor allem finde ich Lesben smart, die als Anwältinnen im Jill-Sander-Nadelstreifenanzug im Scheidungsprozess einem Kerl die Tränen in die Augen treiben, weil sie ihre persönliche Rache abarbeiten. Ja, davor ziehe ich den Hut. Aber nur, wenn ihr chic seid!

5. Kapitel
Der Nick-Code

Haben Sie auch schon mal erlebt, wie es ist, wenn man einen Raum betritt und intuitiv das Gefühl hat, alle anwesenden Männer im Raum erobern zu können? Kennen Sie diese Tage, an denen die Verehrer Schlange stehen? Diese befriedigende, innere Sicherheit, die einen spüren lässt: »Ich kann jeden haben?«

Nein? Ich auch nicht!

Es sind Gemeinsamkeiten wie diese, die uns Frauen solidarisch werden lassen. Kollektive Frustrationen haben uns zum Team werden lassen. Kein Mann ahnt, welch triumphales Gefühl es ist, sich unter »Schwestern« zu verbrüdern. Und es geschieht ganz natürlich. Alles, was man machen muss, ist, sich in die Schlange auf dem Damenklo einzureihen. Plötzlich ist dort Party! In den 15 Minuten, die man als Frau braucht, um sich aus Kino 13 im Cinemax am Tamponautomaten anzustellen und dafür das Geld zu wechseln, haben wir einer Wildfremden unsere Lebensgeschichte erzählt.

Und die Geschichten sind immer identisch: Es geht um Arschlöcher, die uns betrogen haben, um den Ex, der sich feige verdünnisiert hat, um Menstruationsschmerzen und um das »Factory-Outlet«, wo wir günstig unsere coolen Klamotten erworben haben. Während wir die Hände waschen, tauschen wir wertvolle Informationen über Stilltechniken, Dammschnitte, Diäten und Akupunktur mit Frauen aus, die wir nie zuvor getroffen haben und wahrscheinlich niemals wiedersehen werden. Wir vergleichen die Ergebnisse unserer Abstriche, während wir die Lippen nachziehen. Intimität entsteht bei uns, während wir pinkeln.

Und wehe, wenn ein Klo kaputt ist! Oder der Automat mit den Kondomen leer. Ein Handtuchspender, der klemmt, kann eine feministische Revolution heraufbeschwören.

Frauen unter sich bilden ihr eigenes Schiedsgericht! Während Mann und Frau »verschmelzen«, Männer sich »verbrüdern«, »vernetzen« sich die Frauen. Dieser feminine Kosmos lebt von ungeschriebenen Gesetzen: Für uns ist es Tabu, mit dem Liebhaber der besten Freundin zu schlafen. Wir warten, bis dieser ihr Ex ist. Wir verletzen uns auch nicht durch Taktlosigkeiten. Wir sind feinfühlig genug, unsere Meinung hinter dem Rücken der Freundin kundzutun. Wir tragen nicht das gleiche Outfit zur selben Party. Wir entlasten den Kleiderschrank der besten Freundin, indem wir ihr Pelzjäckchen so lange beaufsichtigen, bis es in unseren Besitz übergeht.

Wäre es da nicht hilfreich, ein paar Spielregeln zu etablieren, die »geschriebene« Gesetze sind? So etwas wie ein universeller Code für Frauen untereinander, der die Kameradschaft festigt? Wir können ja nicht auf ewig im Damenklo verweilen! Und wir sollten gewappnet sein, wenn wir einander am selben Grabbeltisch wieder begegnen!

§ 1

Es gibt nichts Diskriminierenderes als eine »beste Freundin«, die immer dann am Horizont auftaucht, wenn ihr Liebhaber verschwindet. Das sind jene Mädels, die unsere Gesellschaft nur dann für wertvoll erachten, wenn kein Typ parat steht, dem sie den Vorzug geben könnten.

Man wird zum Trostpreis. Oder zum »back-up-singer«.

Die verschollene Freundin kehrt immer dann zurück, wenn ihre aktuelle Affäre Erschütterungen erfährt, und das tun ja bekanntlich alle Romanzen früher oder später. Nun sucht sie Liebe und Unterstützung ausgerechnet bei denen, die sie verschmähte, als es ihr gut ging. Es fragt sich, wo »so eine« bleibt, wenn es uns mal dreckig geht?

Da weiß man doch gleich, dass sich sogar unsere Bedürfnisse den Stürmen der jeweiligen Beziehung unterordnen müssen. So werden wir zu Co-Abhängigen. Natürlich, Liebe macht blind, aber das berechtigt nicht dazu, Freundinnen fallen zu lassen. Wer Zeit findet, sich um Haare und Nägel zu kümmern, der hat auch Zeit auf einen Kaffee mit der Freundin. Wir schaffen es ja schließlich auch in den Phasen größter Verliebtheit Milch zu holen, E-Mails zu senden, zur Bank zu gehen und einzukaufen. Da sollte man doch ein bisschen Respekt für jene haben, die an unserer Seite waren, als wir Schminktipps brauchten.

§ 2
Wir sollten unsere Schwestern generell nicht beleidigen! O ja, liebe Feindinnen, jetzt höre ich euch jubeln in der Gewissheit, mich meiner eigenen Vergehen überführt zu haben – doch Einhalt. Wenn *ich* beleidige, dann öffentlich und auf schauspielerisch hohem Niveau. Das ist schließlich eine geregelte Arbeit, der ich nachgehe. Sobald die Camouflage entfernt ist, befleißige ich mich in meinem persönlichen Umfeld anderer Umgangsformen.

Wenn eine Nachbarin 100 kg wiegt und am liebsten in pinkfarbenen Tigerleggings mit weißem Stretchgürtel rumrennt, dann denke ich: Alle Macht den Frauen! Wir leben schließlich in einer Demokratie. Wenn eine Kollegin die Männer wechselt wie ich das Kleid, Gratulation! Wenn eine Chefin uns schikaniert, reihe ich mich nicht in die Stimmen derer ein, die sie Zicke nennen. Ich frage mich vielmehr, ob sie wohl dem Druck standhält, den eine solche Position erfordert?

Eine Mutter in der Supermarktschlange mit drei Horrorbälgern im Schlepptau? Ich verdrehe nicht die Augen, sondern ich lasse ihr den Vortritt. Und einer Frau in einem großartigen Kleid mit perfektem Haar schenke ich Komplimente.

Wir Frauen gewinnen nichts, wenn wir uns gegenseitig in den Rücken fallen – im Gegenteil: Wir verlieren alles!

§ 3

Die Härteprobe ist natürlich, zu widerstehen, wenn der gut aussehende Partner der besten Freundin seine Hände unter unseren Rock schiebt. Mit dem Ehemann einer anderen Frau zu schlafen, ist schlichtweg falsch! Egal, was er uns über die zerrüttete Ehe erzählt, ganz gleich, ob es Mick Jagger ist, bei dem es als die letzte Zugabe nach einem Konzert gilt, oder ob wir damit die einmalige Gelegenheit verstreichen lassen, den Bundespräsidenten flachzulegen. Verheiratete Männer zu verführen ist kein Sieg! Ehemänner haben viel weniger Gelegenheiten als Singles und nutzen jede Chance zum Seitensprung, um dem Elend ein wenig Abwechslung zu verleihen. Da muss man sich wirklich nichts drauf einbilden, wenn so ein volltrunkener Geschäftsreisender im sexuellen Notstand in unserer Gegenwart seinen Saft verspritzt.

§ 4

Wir Mädels sollten unsere neidischen, engen Herzen ignorieren, wenn es anderen Frauen besser geht als uns. Wenn die beste Freundin den Skilehrer abkriegt und wir das Apartment putzen müssen, während sie auf der

Hütte Nachhilfestunden für den richtigen Hüftschwung nimmt, sollten wir die Eifersucht überwinden und die Situation nutzen, um gutes Karma zu produzieren. Das ist der Moment, die gemieteten Skier für sie zurückzuschleppen und ihr den Koffer zu packen – schon im eigenen Interesse, denn es belastet das Konto unseres Schätzchens schwer. Wir brauchen schließlich jemand, der uns ins Taxi hievt, wenn wir beim nächsten Frauenabend vom Barhocker kippen!

§ 5

Die ganzen Typen in Nadelstreifenanzügen, die sich prahlenderweise als »Selfmade-man« promoten, haben ein gigantisches Netz von Golffreunden, Studienkommilitonen, Gönnern, Skatbrüdern, Stammtischkollegen und Vereinskumpels. Sie können immer irgendwo fragen, wenn sie nicht mehr weiterwissen. Wir Frauen sollten auch Clubhäuser für uns bauen. Die Freizeit sollte nicht nur dem Vergnügen dienen, sondern es lässt sich auch ein After-Work-Cocktail in der Disco mit der Sachbearbeiterin vom Rechtsanwalt einnehmen. Und wenn es der Friseurlehrling ist, der im rechten Moment herbeieilt, um unsere kaputte Dauerwelle zu retten, amüsieren kann man sich auch mit Mädels, von denen man was lernen kann.

Jede einsame Hausfrau in der Provinz kann Treffen für Tupperware oder Mary Kay organisieren und auf Kommissionsbasis tätig werden. Auf diese Weise kann man essen, einkaufen, quatschen und sich gegenseitig unterstützen, um was Eigenes auf die Beine zu stellen. Selbst ein schlichter Handarbeitskreis vermag Frauen einander näher zu bringen und das Wort »Einsamkeit« aus ihrem Leben zu verbannen. Lernen Sie tanzen, skifahren oder spanisch. Oder holen Sie den Führerschein nach. Nähen Sie Kinderkleidchen, die sie im Bekanntenkreis günstig verkaufen. Gestresste Karrierefrauen werden es Ihnen danken. Martha Steward hat sich entschieden, Muffins zu backen, und wurde die »reichste Hausfrau Amerikas, die Wall Street je gesehen hat«. Natürlich gehört sie zu den drei Frauen auf unserem Globus, die genetisch genauso eine Laune der Natur sind wie J.H. Hawking, aber Sie müssen nicht befürchten zu reich, zu schön und zu berühmt zu werden. Der Punkt ist, ein Leben zu beginnen, das Ihnen gehört, und dafür den ersten Schritt zu tun.

§ 6

Wenn ein Typ den Müll runterbringt, den Abwasch macht und uns die Fernbedienung überlässt, kann er damit rechnen, dass er für uns ein Held ist. Männer, die tatsächlich anrufen, nachdem sie versprochen haben, es zu tun, sind für uns Heilige. Wenn ein Mann nach dem Rülpsen »Verzeihung« sagt und nach dem Pinkeln die Klobrille runterklappt, verdient er eine Ehrenmedaille. Wenn ein Mann Spaghetti mit Tomatensoße kochen kann, ohne Fertigsoßen zu benutzen, und nicht ständig die Kochanweisung für die Nudeln auf der Rückseite der Packung nachliest, halten wir ihn für ein Genie.

Aber wehe, eine Freundin liefert den ausgeliehenen Mohair-Pulli eingelaufen und verfärbt zurück, dann mutiert sie im Nu zur blöden Kuh! Sie hat fortan eine Schuld auf sich geladen, die sie nie wieder los wird. Von nun an warten wir nur auf den entsprechenden Moment, in dem wir dieses Vergehen heimzahlen können. Hallo? Rachsucht ade, meine Lieben, diese wertvollen Energien sollten wir lieber für die Kerle aufsparen, die es wirklich verdienen. Schon allein aus Solidarität den anderen Frauen gegenüber, bei denen sie nur verbrannte Erde hinterlassen haben.

§ 7
Mädels, zickt euch im Büro nicht an! Nehmt euch nicht auseinander, wenn die Wampe der Kollegin über die Hüfthose rutscht, der Feinrippschlüpfer bei »der Neuen« in die Arschbacken schneidet und die Push-up-Einlage der Kollegin seitlich aus dem T-Shirt rutscht. Die Stutenbissigkeit unter Weibern am Arbeitsplatz schreckt weder davor zurück, mit der gleichen Intensität die Geheimnisse des Julklapp zu entlarven, als ginge es um die Aufdeckung von Watergate, noch sich gegenseitiger Lippenstiftdiebstähle zu bezichtigen. Eine Kollegin in den Vorstand zu wählen »weil sie fett und hässlich« ist, gehört genauso zum Repertoire, wie private Anrufe nicht durchzustellen, die dem Mitarbeiter gelten, in den wir uns verknallt haben.

Wir sollten uns gegenseitig keiner Gehirnwäsche mit Östrogen unterziehen! Sich gegenseitig zu unterstützen kann nur Vorteile bringen. Vergesst nicht, wir Frauen brauchen uns. Wenn der Schlüpfer zwischen den Knien hängt, und im Damenklo die Toilettenrolle leer ist, dann ist es die fremde Frau in der Nachbarkabine, die wir anonym um Hilfe bitten werden. Und ich wette: Sie lässt uns nicht im Stich!

Liebe Desi!

Wie kommt es, dass gerade unter Frauen Neid so sehr verbreitet ist? Seitdem ich endlich in einer glücklichen Beziehung lebe und finanziell relativ gesichert bin, seit ich unerwartet sogar ein kleines Vermögen geerbt habe und der Mann meines Lebens mich geheiratet hat, haben sich einige Freundinnen, die immer noch an ihren alten Problemen zu knab-

bern haben, von mir abgewandt. Manchmal habe ich das Gefühl, die Menschen können sich über das Glück eines anderen gar nicht mehr freuen.

Valeska H., 38,
Schwemmel

Liebe Valeska!

Neid und Missgunst muss man sich verdienen, Mitleid bekommt man in der Tat geschenkt.
Leider muss ich dir sagen, dass proportional zur Höhe, in die man aufsteigt, auch der Neid wächst. Es fängt in der Nachbarschaft der Reihenhaussiedlung an und endet am Pier der arabischen Yachten im Sommer in Monte Carlo. Die Ladys dieser Gesellschaftsebene haben überhaupt gar nichts anderes mehr zu tun, als sich gegenseitig zu beobachten und auszustechen. Ich kenne Leute dieser Szene, die Partys geben, nur um damit jemanden zu ärgern, der keine Einladung erhält. Einen großen Fang im Pool der Milliardäre gemacht zu haben und nochmal so richtig nach oben zu heiraten, mischt die Karten jedes Mal neu auf und sortiert die Freundschaften unter den Damen nach Hab und Gut.
Man sollte damit leben lernen, denn die Menschheit war schon immer so. Bereits die Bibel manifestiert den Neid als Gier, welche vom Menschen Besitz ergreift wie eine Sucht. Ich möchte dir empfehlen, Freundschaften zu pflegen, die erhaben sind über derlei niedrige Motive, indem du Kontakte auf neutralem Boden knüpfst. Richtig wertvolle Freundschaften begleiten uns durch all die guten

und schlechten Phasen des Lebens, sie sind erhaben über zyklische Veränderungen und wissen, wer wir wirklich sind. Einem bewegten Leben ist es nun mal zu eigen, dass Menschen auf der Strecke bleiben. Die Alternative wäre Stagnation. Doch lehrt uns all dies, dass wir wertvolle Menschen in unserem Kreis hüten und nähren sollten wie einen Augapfel.
Heutzutage haben gewisse Damen der Gesellschaft ein Telefonbuch mit 3000 Namen in der Tasche. Man hat von jedem die Nummer und alle sind befreundet, dabei kennt man von vielen weder Adresse noch Leibgericht oder Geburtstag. Ich finde, man gehört zu den ganz großen Gewinnern, wenn man eine Hand voll echter Freunde hat, mit denen man sich gegenseitig erlauben kann, ehrlich zu sein.
Lass dich ruhig beneiden, das kann auch wohlwollend gemeint sein. Menschen, die dir dein Glück aber missgönnen, gehören knallhart ausgemistet.

Liebe Desi!

Neulich habe ich meinen neuen Freund allen meinen Freundinnen vorgestellt. Ich bin sehr enttäuscht von den Mädels, denn sie haben gesagt, ich solle mit dem Typen Schluss machen. Sie sagen, er sei ein Hallodri, ein Weiberheld, der nichts anbrennen lässt und mir am Ende wehtun könnte. Sogar meine beste Freundin empfiehlt mir, aus dieser Beziehung auszusteigen, bevor es zu spät ist.
Ich glaube, meine Freundinnen sind eifersüchtig auf mein junges Glück und gönnen mir meinen Traummann einfach nicht. Dabei wollte ich insgeheim schon mit ihm zusammenziehen.

Soll ich auf mein Herz oder auf die Freundinnen hören?

Verena A., 34,
Klein-Oweloh

Liebe Verena!

Dein armer Freund! Ihm ist genau das passiert, wovor die Typen am meisten Angst haben: vor einer Weiberrunde auf dem Seziertisch zu landen und so richtig auseinander genommen zu werden.
Hör auf die Freundinnen! Was ist wohl der Sinn darin, wenn man nach einigen Monaten den neuen Liebhaber einem Tribunal von Freundinnen vorführt, damit diese ein Urteil fällen? Der Sinn ist, dass wir jemanden brauchen, der uns den Weg in die Realität weist, weil wir blind vor Liebe sind und im Wahn der Verliebtheit nicht mehr wissen, wo uns der Kopf steht.
Hätten deine Freundinnen dich gelobt und dir empfohlen am Ball zu bleiben, dann hättest du ja auch kritiklos ihre Meinung übernommen. Das wäre dir leicht gefallen, denn es wäre das gewesen, was du hören wolltest. Anscheinend vertraust du ihnen also. Leider hat er den Test nicht bestanden, und ich würde mal sagen, 10 Augen guter Freundinnen können nicht irren. Vielleicht bist du aus eurer Clique die mit den schlechten Instinkten? Oder wünschst du dir Busenfreundinnen, die heimlich hinter deinem Rücken hämisch über euch als Paar herziehen und schweigend zusehen, wie du ins Unglück rennst?
Wenn du allerdings glaubst, deine Freunde erteilen

dir bewusst einen falschen Rat aus Eifersucht oder damit sie am Samstagabend nicht alleine ins Kino gehen müssen, dann frage ich mich, warum du diese Frauen überhaupt noch Freundinnen nennst.
Damit wir uns recht verstehen: Mach mit dem Typen Schluss und schmeiß für deine Freundinnen eine Lebensretterparty. Sie haben dir ein Vermögen gespart, das du in ein paar Jahren auf das Konto eines Psychoanalytikers überwiesen hättest. Also lasst es in einer chicen Disco einfach mal richtig krachen. Vielleicht gabelst du im Schutze deiner Weiberrunde sogar einen neuen Mann auf!
Frisch Verliebten sollte man gesetzlich eine Isolationsperiode von sechs Monaten verordnen – weil sie alle arbeitenden, nach Liebe hungernden Realisten einfach zu Tode langweilen. Es besteht natürlich auch die Möglichkeit, dass du uns in 25 Jahren zu deiner Silberhochzeit einlädst und wir beschämt zugeben müssen, dich anfangs nicht unterstützt zu haben. Klar, irgendwo auf dieser Welt findet just in diesem Moment jemand die ganz große Liebe seines Lebens. Sie wird andauernd und überall geboren. Warum sollte dir das erspart bleiben? Heirat ist eine wunderbare Institution: Wenn es die Ehe nicht gäbe, müssten Männer und Frauen ein Leben lang mit Fremden streiten. Und das Beste sind immer die Versöhnungsrituale!

Liebe Desi!

Gehört zur Weiblichkeit auch Eifersucht? Ich erkenne mich manchmal selbst nicht wieder und drehe durch, wenn ich nicht genau weiß, wo mein Kerl

steckt und was er gerade tut. Mich begleitet ein ständiges Misstrauen, da ich schlechte Erfahrungen gemacht habe.
Die bloße Vorstellung, dass er mich betrügen könnte, macht mich schon rasend. Nicht auszudenken, was passiert, wenn ich ihn wirklich erwische! Ich muss mich vor mir selber schützen! Bloß wie?

Isolde B., 54,
Hitzacker

Liebe Isolde!

Eine rasende Eifersuchtsattacke ist durch nichts zu stoppen. Sie ist kein erlerntes Verhalten und verstandesmäßig nicht steuerbar. Die Eifersucht kommt über uns wie eine Naturgewalt. Sie reißt dich mit wie ein Erdbeben, wie eine Sturmflut. Da heißt es nur noch: Rette sich wer kann!
In unserer zivilisierten Gesellschaft wurde leider vergessen, die Eifersucht als natürlichen Mechanismus zu akzeptieren. Eifersucht ist so gottgegeben wie ein Sommergewitter: Schimpansen, Elefanten, Hirsche, Katzen, Spatzen, Hunde, sie alle reagieren eifersüchtig. Die Eifersucht ist im Leben der Tiere so selbstverständlich wie Balzverhalten und Jagdtrieb. Das ist doch erst mal tröstlich zu wissen, dass du nicht abnorm veranlagt bist. Deine archaischen Instinkte funktionieren so, wie Mutter Natur es vorgesehen hat. Blind vor Eifersucht zu sein, ist tief in unserem Wesen verwurzelt, ein Relikt der Überlebenssicherung aus Urzeiten. Niemand kann Urgewalten aufhalten. Wenn ein Partner dir weismachen

will, er sei nicht eifersüchtig, dann gibt es folgende Möglichkeiten:
1. Er lügt oder gesteht es nicht ein, weil dieses Potenzial ihn zum Mörder machen würde.
2. Du bist ihm scheißegal.
3. Er sagt es aus Eigeninteresse, weil er woanders längst was am Kochen hat und auf dem Absprung ist. Da kommt es gerade recht, wenn auch du fremdgehst, damit er dir den Schwarzen Peter zuschieben kann.
Wenn du nicht mehr eifersüchtig bist, kannst du doch die ganze Sache vergessen.
Leider jedoch kann die Eifersucht vernichtende Wirkung haben, wenn sie außer Proportion gerät und heranwächst wie eine böse Geschwulst. Alles kannst du dir verderben, wenn dein Freund Überstunden macht und du ihm die Autoreifen durchstichst, weil du überzeugt bist, dass er mit deiner besten Freundin schläft. Es ist genauso falsch, die Eifersucht im Keim zu ersticken, wie es falsch ist, deinen inneren Dämonen freien Lauf zu lassen.
Was also verschafft dir Heilung? Ich nenne es vertrauensbildende Maßnahmen. Dir verschafft es Beruhigung, deinen Freund zu kontrollieren und in deinen üblen Vermutungen enttäuscht zu werden? Arbeite gründlich: Die Telefonnummer, die er auf die Zigarettenschachtel gekritzelt hat, mag sich als Autowerkstatt entpuppen, der stets geblockte Dienstagabend als Probe vom Kirchenchor und die Sekretärin, mit der er auf Geschäftsreise geht, als Wuchtbrumme, die so gar nicht sein Typ ist. Du wirst dich beschämt zurückziehen müssen, wenn du dich selbst deiner eigenen Wahnvorstellungen überführt hast. Solltest du jedoch auf »Öl« stoßen, na, dann kann dein Alter dich mal kennen lernen! Wenn er ein

hoffnungsloser Schlawiner ist, dann gibt's nur zwei Möglichkeiten: mache Kompromisse oder gönne ihm eine Frau, die in der Lage ist, keine Besitzansprüche zu stellen. Aber gibt es das, wenn man wirklich liebt?

Liebe Desi!

Ich stecke in einer leidenschaftlichen Beziehung mit so vielen Höhen und Tiefen, dass bei meinen Freunden inzwischen weder eine Versöhnung noch eine Trennung ernst genommen wird, weil beides dreimal täglich stattfindet. Meine Clique zuckt nur noch mit den Achseln, wenn ich das Thema auf meinen Freund bringe. Mir hört gar keiner mehr zu, wenn ich vom neuesten Drama berichte. Momentan scheint mir das letzte Mittel, meinen Verlobten zurückzugewinnen, ein Selbstmordversuch – natürlich fingiert – zu sein. Er soll sich endlich mal so richtig Sorgen um mich machen. Wie gehe ich vor?

Henriette J., 38,
Ysenburg

Liebe Henriette!

Nun ja, abgesehen von ein paar Demütigungen, Erpressungen, Drohungen und Nervenzusammenbrüchen scheinst du ja in deiner Beziehung verdammt viel Spaß zu haben. Vielleicht lohnt sich die permanente Kriegsführung für dich, weil dein Partner etwas besitzt, was der »nette Junge von Nebenan«

nicht hat. Ist er etwa überwältigend gut gebaut? Habt ihr leidenschaftlichen Sex? Oder liebst du das Ringen um die Versöhnung, weil kurzer, heftiger Sex nach einem wilden Streit besonders intensiv sein soll? Wenn das Spiel mit dem Feuer fester Bestandteil eurer Liebe geworden ist, werdet ihr beiden es in geruhsamer Harmonie wohl kaum lange aushalten. Immerhin habt ihr euch verlobt, also scheint eine gemeinsame Zukunft verlockend für euch zu sein. Ich gebe dir hier zu deiner »Verarztung« eine kleine Liste von Aktionen an die Hand, die nicht legitim sind, um einen Partner an sich zu binden:

1. Zerschneide nie all seine Anzüge. Er verliert den Respekt vor einer Person, die gerade als Frau verstehen müsste, dass man seine Klamotten mehr lieben kann als einen Menschen.

2. Hänge dich nie an seine Fersen und schreie: »Aber du hast doch versprochen, mich ewig zu lieben.« Es wirkt leider Gottes immer so bedürftig und unattraktiv, wenn man um Liebe bettelt – keine Frau tut sich damit einen Gefallen.

3. Hantiere nie mit einer Packung Tic Tacs, die du in eine Rolle Valium umgefüllt hast, um sie dir in den Hals zu kippen und zu drohen: »Ich kann ohne dich nicht weiterleben.« Dein Liebster sucht einen Lebenspartner, keinen Todesaspiranten. Du willst doch gar nicht sterben, in Wahrheit willst du doch heiraten. Beides geht nun mal nicht!

4. Vergiss eingebildete Schwangerschaften und Fehlgeburten. Männer verstehen keinen Spaß, wenn es um den Samenfaden geht, der von 100 Millionen Spermien der allerschnellste war.

5. Schlag ihn nicht nieder, du könntest eine zurückkriegen und das wäre dann Notwehr.

6. Schick dir niemals selber Blumen, um ihn eifer-

süchtig zu machen. Du verlierst deine Würde, wenn das auffliegt.
7. Schlafe nie mit seinem Chef. Am Ende werden die Jungs sich gegen dich verbünden.
8. Täusche keine Krankheiten oder Unfälle vor, um von ihm gepflegt zu werden. Wenn der Mann deines Lebens Krankenschwester sein wollte, hätte er diesen Beruf bereits.
9. Rufe niemals seine Eltern an, um dich auszusprechen. Blut ist dicker als Wasser.
10. Dränge ihn nicht zu einer Penisverlängerung, Beschneidung oder Samenleiterdurchtrennung. Ein Mann wird immer nur eine Frau lieben, die sein »Allerheiligstes« genauso liebt und begehrt, wie sie es vorfindet.
11. Färb dir die Schamhaare niemals blond. Der Juckreiz ist der Mühe nicht wert.

Liebe Desi!

Hilfe, meine allerbeste Busenfreundin Ramona ist total verliebt!
Wir beide hatten schon längst mit allem abgeschlossen und uns darauf eingestellt, gemeinsam ein Plätzchen im Altenheim zu suchen – nun sind alle ihre Träume plötzlich wahr geworden. Für sie leuchten die Sterne, singen die Vögel, blühen die Blumen und flattern die Schmetterlinge. Es ist unerträglich, wenn man einsam daneben steht. Ich habe nie geglaubt, dass das Leben so sein könnte. Selbst wenn wir uns noch sehen, geht es nur in einem fort: »... und dann hat er gesagt ... und dann habe ich gesagt ... und mein Therapeut sagt ...«.

Natürlich bin ich eifersüchtig. Und einsam. Selbst beim traditionellen Sonntagsbrunch sitzt ihr Herzallerliebster daneben und überschüttet sie mit Küssen, Streicheleinheiten und nennt sie »Schnäuzelchen«. Ich bin nur noch ein Anhängsel. Die Videoabende verbringe ich jetzt mit meiner Katze und heule mir bei Liebesfilmen die Augen aus dem Kopf.
Ist es nicht unfair, dass sie einen Wutanfall bekam, als ich ihr mein Problem schilderte und schrie, ich missgönne ihr das große Glück, sie würde nie mehr mit mir reden, weil ich eine schlechte Freundin sei? Von wegen! Ich bin doch diejenige, die Trost braucht! Ich finde, sie ist eine untreue Freundin, weil sie mich fallen lässt! Bin ich verbittert?

Jolante S., 34,
Zweibrücken

Liebe Jolante!

Nun ja, dass du sauer bist, weil deine Freundin eure traditionellen Rituale wie Sonntagsfrühstück oder Videoabende auch um die Präsenz ihres neuen Liebesglücks bereichert, kann ich nachvollziehen. Rituale sind nun mal heilig und man sollte sie in Ehren halten. So etwas verdient Strafe!
Ramona sollte ein klein wenig Raum für dich übrig lassen, wird aber natürlich fortan auch bei eurem Beisammensein nicht viel anderes beizusteuern wissen, als in ihrer Romanze zu schwelgen. Lass sie schwelgen! Sich zu verlieben ist ein Moment, der trotz des besonderen Hochgefühls auch von Angst und Zweifeln begleitet wird. Man hat sich in seiner

Lebensmisere mehr oder weniger bequem eingerichtet, und plötzlich wird man zu den Sternen geschleudert und weiß mit der Sonnenseite des Lebens erst gar nicht so recht umzugehen. Alles steht Kopf. Ansichten, Meinungen, Lebensgefühl verschieben sich. Bedürfnisse, innere Balance, Pflichten, Seelenfrieden und Hormonhaushalt, alles wird aufgewühlt. Das Herz beginnt zu singen, man hat quasi immer ein Lied auf den Lippen, läuft wie auf Wolken, fühlt sich weich, leicht und beseelt – bis man stolpert und am Boden liegt. So ist das nun mal in der Liebe.
Klar, deine Lage ist momentan nicht rosig, aber das ist sie auch nicht für deine beste Freundin. Ramona ist ihrem neuen Gemütszustand ja quasi ausgeliefert. Sie ist nicht Herrin ihrer Sinne. Ihr Hormonhaushalt steht Kopf und schlägt Purzelbäume! Und deshalb nimm einfach nichts, was sie sagt, allzu wörtlich und ertrage was sie tut mit großer Gelassenheit. Der Zustand wird sich auch mal wieder ändern, das steht fest.
Alleine schon der Stoffwechsel deiner Busenfreundin mutet ihrem System eine ganze Menge zu: Mit Schmetterlingen im Bauch wird erst nichts gegessen, dann zu viel gegessen, dann auf nüchternen Magen zu viel Alkohol getrunken, dann getanzt und dann gekotzt. Oder denk doch nur allein an den Schlafentzug! An diese ungewohnte körperliche Belastung! An den Stress, immer adrett aussehen zu müssen. Herumschlunzen ist für die Freundin ja nun wohl erst mal vorbei. Die ist doch im Dauereinsatz. Und wenn er sie mal nicht anruft, dieser rasende Terror.
Verzeih ihr einfach prinzipiell alles für die nächsten sechs Monate und sieh über die kleinen und großen Verletzungen hinweg. Übe dich in Großzügigkeit und dem alles verstehenden, alles verzeihenden wissen-

den Lächeln einer besten Freundin. Auch dann noch, wenn Ramona sich benimmt wie eine blöde Kuh!

Liebe Desi!

Hilfe! Mir ist etwas ganz Schreckliches passiert: Ich habe mich total in den Ex meiner besten Freundin verknallt. Er hat mir schon immer gefallen, aber jetzt hat er mir eindeutig zu verstehen gegeben, dass aus uns ein Paar werden könnte. Sie hat mir hingegen immer alles über ihn erzählt, sodass ich seinen Charakter in- und auswendig kenne. Der Typ ist nicht unkompliziert!
Wenn ich mich mit ihm einlasse, wird sie mir das nie verzeihen. Wie komme ich aus der Sache raus?

Pilar R, 38,
Garmisch-Partenkirchen

Liebe Pilar!

Nun meine Liebe, da hast du wirklich ein Problem. Aber selbst dieses Chaos kann man mit kühlem Kopf sortiert bekommen. Das Beste ist, du brichst die Problematik in kleine Stufen auf, die du der Reihe nach bearbeitest.
Beantworte dir zunächst einige entscheidende Fragen: Ist deine Freundin immer noch in ihn verliebt? Dann vergiss es oder lass Zeit verstreichen (ca. 6 Monate).

Hast er deine Freundin etwa mies behandelt oder ganz fürchterlich abserviert? Dir wird es nicht besser ergehen!
Oder beruht das Ganze nur auf Sex? Für einen prickelnden One-Night-Stand könnte man die Sache in Erwägung ziehen.
War es vielleicht sogar eine saubere Trennung? Dann frage ich mich, worauf du noch wartest, aber sorge dafür, dass deine Freundin es von dir erfährt, anstatt von jemand anders. Deine Freundin sollte zumindest die Hoffnung aufgegeben haben, dass er jemals zu ihr zurückkehrt, bevor du dich über ihn hermachst.
Die Faustregel für dein Verhalten ist eigentlich ganz einfach: Lass dich nicht mit einem Schwein ein und verhalte dich nicht wie eine blöde Kuh.

Liebe Desi!

Ich habe eine Freundin, die ins Krankenhaus gekommen ist. Damals habe ich ihren Hund übernommen. Das ist nun drei Monate her. Jetzt hat sie mich angerufen und mir mitgeteilt, dass sie drei weitere Monate zur Reha muss und wohl nie wieder richtig laufen kann. Damit fiel mir nun der Hund zu. Ich habe aber schon einen Hund. Das war schwer genug für mich, da die Tiere sich nicht vertragen. Meinst du, ich bin gemein, wenn ich ihr sage, dass sie was anderes organisieren muss, weil ich den Hund nicht haben will? Die Töle ist ein Kläffer, der bettelt und Türklinken aufmachen kann.
Es klingt so grausam, dass ich den Hund nicht will, aber meine Freundin ist erwachsen und kann nicht

verlangen, dass ich wegen ihrem Pech zur Leidtragenden werde. Sie ist doch verantwortlich für ihr Leben, oder?

Karin, 49,
Amöneburg

Liebe Karin!

Niemand ist jemals erwachsen, erst recht nicht in einer Notlage. Du versuchst natürlich, dich mit Argumenten zu beruhigen, weil du genau weißt, dass es nicht gerade die feine Art ist, was du da planst. Also redest du dir die Sache schön, um dein schlechtes Gewissen auf deine kranke Freundin abzuwälzen. Die Menschen leben heute nicht mehr eingebettet in Familien. Die Väter sind entrückte Figuren, nie zu Hause, oder phlegmatische Couch-Potatoes, die Mütter ewig gestresst, mit den Nerven am Ende und überarbeitet, und irgendein Cousin in der weitläufigen Verwandtschaft entpuppt sich als ausländerfeindlich oder schwul. Das isoliert uns alle. Wir leben eben nicht als Teil einer 16-köpfigen Sippe im Busch in Afrika, mit Donatella Versace-Bildern vor der Hütte, um die bösen Geister zu vertreiben. Die Wenigsten von uns entstammen einer Idylle, in der die Nachbarschaft nach altem Blockwartsystem Verkehr, Mülltonnen und spielende Kinder auf der Straße ordnet und jeder den Schlüssel vom Nachbarn hat.
Freunde sind im 21. Jahrhundert nun mal der frei gewählte Familienersatz, den wir uns selbst nach dem Baukastenprinzip zusammengestellt haben. Da

muss man halt auch mal einspringen, wenn man an der Reihe ist. Freundschaft trägt erst dann, wenn sie ihre Bewährungsproben besteht: sich gegenseitig auffängt, nährt, füreinander Verantwortung übernimmt. Da gibt es ja nun wirklich Schlimmeres, als einen Hund aufzunehmen. Was du da zur Schau stellst, ist der pure Egoismus. Du läufst echt Gefahr, als wundersame alte Frau alleine im Restaurant zu sitzen und in Selbstgesprächen zu erörtern, dass du ohne Schuld bist! Aber dann wird sich keiner um dich kümmern.

Dass dein Hund nicht begeistert von dem Familienzuwachs ist, ist normal. Du kannst ja von Glück reden, dass dein Köter dich nicht zerfleischt, weil du seine intakte Hundewelt neu aufmischst und er Konkurrenz bekommt. Und der neue Hund fühlt sich entwurzelt und will sich sein Revier erobern. Das Herz dieses Hundes ist doch auch gebrochen! Schade, dass dir das so rätselhaft erscheint!

Entweder du lernst nun, mit der Situation zu leben, oder du bist diejenige, welche sich darum kümmern muss, dass der Hund in gute Hände kommt. Lass deine arme Freundin da raus. Und sorge dafür, dass der Hund ein erstklassiges, tierliebes Heim findet, in dem er keinem zur Last fällt. Einen Ort, dem du auch deinen eigenen, geliebten Hund anvertrauen würdest! Ich rate dir das wirklich im Guten, denn sonst werden die karmischen Gesetze der ewigen Gerechtigkeit dafür sorgen, dass du eines Tages selbst als armer Hund zurückkommst. Und zwar in China!

6. Kapitel
Doppel-Ich

Oje! Das Verhältnis von Frauen zum Essen kann weitaus komplizierter sein als die Beziehung zu unseren Müttern!

Denk ich an Essen, denk ich an Schuldgefühle. Ich esse immer falsch. Seit 30 Jahren. Entweder ungesund, zu viel, in Eile oder das Falsche. Selbstbestrafung, Selbstkasteiung, Selbsthass, Kummer, Angst und Trost – all das habe ich schon übers Essen abgearbeitet!

In Wahrheit bin ich nämlich eine vollschlanke, brünette Hausfrau und Mutti. Alles andere ist von Berufs wegen antrainiert. Figürlich gesehen führe ich ein Doppelleben. In mir schlägt das Herz eines dicken Mädchens! Das, was die Welt zu sehen bekommt, ist mein schlankes, doppeltes Ich.

Mein Essensplan eines gewöhnlichen Tages könnte beispielsweise folgendermaßen lauten:

Auf Frühstück verzichte ich, weil ich gestern spätabends noch gesündigt habe, dann laufe ich zur Arbeit, und alles, was ich vormittags hatte, war eine Diät-Cola und ein Müsliriegel, deshalb darf ich mir mittags ein Schinkenbrötchen gönnen. Nachmittags war mein Zuckerspiegel so weit unten, dass ich mir, um weiterarbeiten zu können, ausnahmsweise ein Stück Käsekuchen gegönnt habe – da ist ja sehr viel Protein drin. Heute Abend hole ich meinen Sohn vom Fußball ab, und da ist es eine ausgemachte Sache, dass wir an der Bude eine Currywurst mit Country Fries essen und deshalb nehme ich zwischendurch nur noch einen Salat mit low-fat Dressing!

Ja, ich habe in meinem Leben mehr Diäten als Männer ausprobiert – und jedes Mal war ich hinterher dicker als zuvor. Entweder aus Liebeskummer oder weil der Versuch des Abspeckens gescheitert ist. Gescheitert heißt in diesem Falle, 4 Tage Diät durchzuhalten, um dann so ausgelaugt zu sein, dass ein nächtlicher Fressanfall schubartig die gesamte zuvor eingesparte Kalorienzufuhr wieder ausgleicht.

Gefolgt wird so ein Kollaps im Nachthemd vorm Kühlschrank durch ein absolut miesepetriges Stimmungstief am Folgetag. Und das ist der Verlauf des Anfalls in Zeiten *ohne* prämenstruelles Syndrom. An Tagen vor den Tagen, wo noch Wasseransammlungen, Blähgefühl und geschwollene Eierstöcke erschwerend die Situation verschärfen, wiege ich gut und gerne sechs Pfund mehr als sonst.

Tja, ich und das Essen – eine prekäre Sache! Manche Tage bin ich wirklich brav und es tut sich absolut gar nichts auf der Waage. Aber es wird jedes Jahr schlimmer. Wenn vier Pfund früher nach acht Tagen wieder runter waren, brauche ich jetzt vier Wochen dafür!

Ich liebe rustikale Hausmannskost, ich liebe Nouvelle Cuisine, ich liebe Junk Food! Ich bin ein Mensch, der alles isst. Die schlichte Küche schätze ich ebenso wie die exotische oder komplizierte. Der Höhepunkt kulinarischen Genusses ist und bleibt für mich jedoch eine hochwertige Currywurst am Stand mit Fritten dazu. Auch Rostbratwürste konsumiere ich gerne en gros. Das Besondere: Ich bestrafe mich schon, bevor ich mir die Dinger einpfeife! Schon auf dem Weg zur Bude gehen die Gewissensbisse los: »Ich weiß, das sollte ich jetzt nicht tun! Was ich mache, ist nicht erlaubt! Fritten sind das Allerschlimmste überhaupt, was man sich antun kann. Aber es muss sein. Ich brauche das. Und ich war so brav in den letzten Tagen. Ich hab ja auch so viel gearbeitet. Das habe ich mir wirklich verdient. So dick bin ich doch gar nicht. Ich meine, ich hab wirklich schon Fettere gesehen! Also ich gönne mir jetzt die Ladung und ab morgen früh trainiere ich beim Frühstücksfernsehen 2 Stunden auf meinem Stepper.«

Mehr als einmal habe ich mir die heiße Ware so gierig eingepfiffen – von »Essen« kann man unter diesen Umständen wirklich nicht mehr reden –, dass ich hinterher Brandblasen am Gaumen hatte.

Ich meine, das ist doch nicht normal!

Selbstbestrafung steht bei mir in direkter Verbindung zum Genuss von Pommes in Verbindung mit Anprangerung der eigenen Charakterschwäche. Und bis jetzt ging es nur um Fritten. Von Süßwaren, Kuchen, Torten, Pralinen, Schokolade, Waffeln, Quarkcremes, Rumkugeln, Eisbechern oder frischem Brot will ich gar nicht reden!

Zahllos sind die Entschuldigungen, die ich parat habe, während ich mir, abweichend von der aktuellen Diät, die Sünden einverleibe: Mousse au chocolat darf ich, weil Freitag ist, Streuselkuchen darf ich, weil ich Stress habe, Pralinenriegel *muss* ich für die Nerven, Zitronenquark ist gut wegen dem Eiweiß ... kompliziert, was?

Meine beste Rechtfertigung lautet: »Es wäre Selbstverleugnung, da jetzt nicht zuzuschlagen!«

Natürlich nehme ich auch des Öfteren ein sehr gepflegtes Gourmet-Menü in einem Restaurant zu mir. Wie man das vor sich selbst am besten entschuldigt? Ich habe mir eine Rechtfertigung erarbeitet, die vor jedem Gerichtshof mildernde Umstände erwarten kann: »Wenn man als Frau an unserer Kultur partizipieren will, gehört kultiviertes Essen einfach dazu. Mit einem vollen Magen hat man alles besser im Griff. Wie kann man studieren, arbeiten und Kinder großziehen, wenn man hungrig und unausgeglichen ist? Um gut zu funktionieren, muss ein Mensch gut essen. Ohne Scham, schlechtes Gewissen oder Selbstbestrafung. Essen gehört ja auch zur Kultur! Es ist zivilisiert, sich Zeit für ein 6-Gänge-Menü zu nehmen! Ich fange gleich damit an zu lernen, Essen zu genießen!«

Permanenter Diätwahn erhebt die Ich-Bezogenheit zur Kunstform! Essensneurotiker sind wie Sektenmitglieder. Wir haben das Licht gesehen! Wir warten auf Erleuchtung! Wir erheben uns über andere! Wir besitzen Macht über unseren Körper! Wir befreien uns vom Ballast und reinigen uns! Wir klären unsere Aura! Und wir haben im Kühlschrank Weight Watchers kalorienreduziertes Caesars Salad Ranch Dressing mit Paul Newman drauf, von dem 50 Cent pro Flasche an die Welthungerhilfe in Afrika gehen!

Es gibt in dieser Welt keine unproduktivere Konversation als in einer Runde schlanker Frauen in der Cafeteria eines Fitnesscenters, die herumhängen und sich gegenseitig damit vorerzählen, wie fett sie sind. Da fehlt es nicht dem Körper an Nahrung, sondern dem Hirn! Warum tun wir es dann? Woanders verhungern Menschen! Die Ärmsten der Armen haben nichts zu essen und wir glorifizieren Magerkeit und machen aus Selbstverleugnung und dekadenten Essensgewohnheiten eine Religion. Das ist doch arrogant! Aber eben auch eine Folge zeitgemäßer Ästhetik, weil die Skelette der Fashion Industrie Superstars sind und uns als Glamour-Ikonen präsentiert werden. Dabei rennen diese hageren Gestelle privat eh nur in durchlöcherten Schlabberjeans Größe 0, Sneakers und Holzfällerhemden aus Cashmere herum.

Und ob Sie es mir glauben oder nicht: Ich kenne Models, die es strikt ablehnen, in der Öffentlichkeit essend gesehen zu werden. Sie haben Angst, ihr Image zu beschädigen. Ebenso weiß ich von Frauen, die vor einem Date zu Hause alleine essen, damit sie sich auf einer Party nicht den Teller mit Horsd'œuvre volladen. Das könnte gierig wirken.

Aber glauben Sie mir, wenn potenzielle Liebhaber hinter solch ein Verhalten steigen, hat die nächste Beziehung schon schlechte Karten, bevor sie überhaupt beginnt. Es ist ein großer Irrglaube, dass Männer sich dafür interessieren, was wir tun, um die Figur zu halten. Im Gegenteil! Uns runterzuhungern setzt uns in einen stillen Wettbewerb anderen Frauen gegenüber. Sobald man Diät hält, vergleicht man sich mit der Konkurrenz, bewertet deren Figur, beäugt neidisch jede, die dünner ist, und kontrolliert seine Freundinnen: »Sag mal, ist mein Arsch auch so fett wie der von Irene?«, ist so eine typische Unterhaltung aus der Frauengarderobe im Health-Club. Wenn wir untereinander nicht mal entspannt essen können, was für Chancen hat dann eine Freundschaft?

Auch die Besessenheit mit der perfekten Figur geht auf unsere Kindheit zurück. Unsere Mütter bewunderten Eisläuferinnen, die Goldmedaillen abräumten, Sport- und Showstars, die mit überragenden Leistungen die Welt in Atem hielten, und sie jubelten den allerersten Pop-Stars zu. Ihre Heldinnen waren Frauen, die beim Rock'n'Roll den 3-fachen Toeloop schafften, ohne dass ihnen dabei auch nur eine einzige Haarsträhne ins Gesicht flog. Doch sie haben uns verschwiegen, dass wir normale Kinder sind und niemals wie Kati Witt, Marika Kilius oder Franzi van Almsick sein werden.

In dem Moment, als wir Mädels in die Pubertät kamen, und uns intellektuell entwickelten, begannen wir unsere Wirkung auf andere zu hinterfragen. Um von Jungs akzeptiert zu werden oder gar unser Herzblatt an Land zu ziehen, arbeiten wir bis heute mit Tricks: Selbsterniedrigung, um Unsicherheit zu überspielen, Komik, um Aufmerksamkeit zu bekommen, oder betonte Saloppheit, um bloß nicht als arrogant zu gelten.

Wir setzen unseren ganzen Ehrgeiz daran, unsere Persönlichkeit gegen die anderen abzugrenzen. Wir wollen in die engste Jeans passen, das kürzeste Miniröckchen tragen und im Baby-Doll Hängerchen am süßesten aussehen. Und wenn wir sonst nirgendwo »die Beste« sind, dann eben wenn's um unseren Lidstrich geht. Noch Fragen zu Chiara Ohoven? Sie wollte eben die dickste Lippe haben. Nun ist sie die Beste bei den Schlauchbooten!

Der Rest tritt an zum Wettbewerb im Team der Essgestörten. Der Ehrgeiz und die Energie, die wir in unser Ziel, dünn zu sein, stecken, könnten wir in viel lukrativere Bereiche lenken. Gut, es mag ein Gefühl des Triumphes sein, ein Stück Schokoladentorte angewidert beiseite zu schieben, aber schlummernde Talente zu entwickeln, führt zu ganz anderen Höhenflügen. Seien es Sport, Tanzen, Gesang, Musik, Kunst, Reiten, Schneidern, Fremdsprachen, Fotografieren, Malen, Handarbeiten, Astrologie, Bildungsreisen, Museumsbesuche, Design, Psychologie, Wissenschaft, Reisen, Kino, Theater, die Liebe zu Büchern, das Genießen der Natur, Geschäfte machen und so weiter – ein Menschenleben reicht kaum aus, um all unsere Anlagen zu entfalten. Stattdessen drehen wir uns larmoyant vorm Spiegel und finden uns fett!

Es gibt nichts Unerotischeres und Abtörnenderes als eine 90 Pfund Frau, die alle Möglichkeiten der Welt hat, und die zu schwach ist, um sich eine Scheibe Knäckebrot zu schmieren. Was bilden sich die Hungerhaken eigentlich auf ihre Größe 34½ ein? Kein Mann der Welt hat jemals über eine Frau gesagt: »Schaut euch das Mädchen dahinten an, das Klappergestell nimmt Oliven-Dip mit Low-Fat Salatcreme und isst Karotten mit Tofu-Wraps. Wow, ist die scharf! Bevor sie zusammenbricht, muss ich schnell rübergehen und sie aufreißen!«

Aber jeder Mann bekommt leuchtende Augen, wenn er beim Date erlebt, dass wir uns hemmungslos die Fettuccine mit doppelter Portion Mozarella einverleiben, es uns schmecken lassen und ohne Scham noch eine Tiramisu nachlegen. Es ist sehr feminin, bei Tisch genussvoll die eigene Oralzone zu stimulieren. Sich am Buffet gehen zu lassen, lässt Rückschlüsse auf den sexuellen Appetit zu. Wenn eine Frau sich gerne mit der Gabel etwas in den Mund schiebt, und es sich auf der Zunge zergehen lässt, macht sie das vielleicht auch mit anderen Sachen. Das hat fast schon was von Vorspiel. Es ist erotisch zu essen.

Tiramisu, Eisbecher, gefrorener Yoghurt, Milkshakes, Sahnecremeschnitten, Baileys, Eierlikör, Käsekuchen – das alles ist typischer Weiberkram. Logisch: Wir sind ja selber so eine Art Milchkuh. Nicht pro Eiscreme zu sein hieße contra Frauen zu sein!

»Scheiß auf die Veganer!«, kann ich da nur sagen. Mein Leben ist zu kurz, um Erbsen mit Reis zu füllen!

Liebe Desi!

Ich war schon immer mollig, bin aber nach zwei Kindern sehr aus dem Leim gegangen. Inzwischen trage ich Größe 48 und bin nicht konkurrenzfähig, wenn es um Chic und Mode geht. Ich hab Angst, dass mein Mann sich eine Schlanke nimmt. Die Zeitungen sind voll davon!

Ich würde zehn Jahre meiner Lebenszeit abgeben, um den Körper von Naomi Campbell zu haben. Ob ich das jemals erreichen kann?

Tanja B., 44,
Bad Füssen

Liebe Tanja!

Wenn du einen Pakt mit dem Teufel schließt, dann kannst du das erreichen! Möglich ist heutzutage alles: Nimm einen Kredit auf, lass dich in ein Diätsanatorium einsperren, und was danach noch schwabbelt, wird einfach abgesaugt. Dann trainierst du in einem Fitnesscenter und unterziehst dich minimalen chirurgischen Eingriffen. Mit Sicherheit sitzt du nächstes Jahr Weihnachten in Jeans Größe 34½ unterm Tannenbaum – und zwar als Single! Denn gelingen wird dir diese Radikalsanierung nur, wenn du dein Äußeres und deine Figur zum absoluten Mittelpunkt seines Lebens machst. Ich glaube kaum, dass dein Partner da mitspielt. Schließlich seid ihr einander nicht auf dieser Basis begegnet. Dein Mann hat sich ja keine Hungerharke gesucht, sondern eine sinnliche Genießerin.
Ich fände es töricht, dieses lustvolle Prinzip zu torpedieren. Körper, Geist, Seele und Hungergefühl sind stärker ineinander verwoben, als du wahrhaben willst. Wie sonst ist es möglich, dass eine geschickte Therapeutin einen speziellen Punkt an der Schulter presst und der Patient in Tränen ausbricht, weil sich die Blockaden verschütteter Kindheitstraumata lösen und man befreit nach Hause schwebt?

Gefühle und Erinnerungen werden in den Muskeln gespeichert. Auf deine spezielle Anfrage bezogen bedeutet dies: Wenn du mit Naomi C. den Körper tauschen würdest und dein Therapeut deinen Nacken drückt, würdest du dich an irgendein pubertäres Lip-Gloss-Fiasko erinnern, welches mit deiner Persönlichkeit absolut nichts zu tun hat. Denk an Marilyn! Sie hat den Typus des Sexsymbols auf ewig geprägt und ausgerechnet sie musste einsam, unglücklich und hoffnungslos sterben. Marilyns Suche nach Liebe und Geborgenheit blieb ergebnislos. Du hast bereits jetzt die Monroe um Längen geschlagen! Und im selben Atemzug sogar Naomi! Auch so eine bindungsunfähige Chaotin, deren biologische Uhr tickt. Oder arme Linda Evangelista! So jung, so schön und ganz allein den Krebs überwunden! Du wiegst 80 Kilo mehr als Kate Moss, aber der Preis ihres Erfolges heißt Koks und schließt jede erdenkliche Designerdroge ein! Sieh dir Nadja Auermann an: Oberschenkel vom Durchmesser deiner Unterarme und gescheitert mit jeglicher Planung familiären Glücks.

Auch Models können Liebe nicht erzwingen. Sogar Miss Universum wurde sitzen gelassen, Britney Spears nach zwei Tagen geschieden, nach kurzer Mutterschaft allein erziehend, Bridget Jones Darstellerin Renée Zellweger hat bereits nach zwei Monaten Ehe ihrem Fremdgänger den Laufpass gegeben! Fazit: Die begehrtesten Frauen der Welt halten keinen Mann mittels eines turbogestylten Körpers! Du sitzt als Mädel mit dem fetten Arsch im locker geschnittenen Blümchenkleid immer noch neben deinem Mann auf der Couch und genießt im Kreise deiner Lieben die Buttercremetorte. Werd endlich erwachsen, liebe Tanja, denn ich glaube, es gibt eine ganze Menge Leute, die mit dir nur allzu gerne tauschen würden. Friss einfach die Hälfte. Zumindest für eine Weile. Mahlzeit!

Liebe Desi!

Ich bin eine perfekt gebaute, wohlgeformte, vollschlanke Frau. Überhaupt nicht dick. Schlank, gertenschlank sogar. Na ja, ein bisschen abnehmen könnte ich schon.
Hier und da sind ein paar Pölsterchen im Wege, wenn ich mich in meine Größe 44 Donna-Karan-Jeans zwänge.
Leider gibt es Calvin-Klein-Jeans ja nur bis Größe 38. Er möchte nicht, dass Frauen über Größe 38 seine Mode tragen. Neulich habe ich einen Hosenanzug von ihm anprobiert und die Hosenbeine waren so geschnitten, dass sie mir gerade mal als Ärmel gepasst haben. Ich könnte mir beim Änderungsschneider immerhin einen Bolero draus machen lassen. Auf diese Weise würde ich auch mal in was von Calvin Klein passen. Jedes Mal, wenn ich einen Catsuit von Jean-Paul Gaultier trage, dann fühle ich mich wie ein Rhinozeros. Auch wenn ich ein kleines Schwarzes von Donna Karan anziehen will, komme ich mit dem Arm nicht hinten an den Reißverschluss ran.
Warum hat die Modewelt noch nicht realisiert, dass wir Mädels auf der heftigen Seite auch gerne stylish sein würden? Warum gibt es keine schicken Sachen in Größe 48 oder 50? Darf man nicht chic aussehen, nur weil man enorm breite Hüften hat?
Ich habe den Eindruck, die Modemacher vergessen

uns. Doch wer tritt für uns ein? Seitdem es Liposuction gibt, haben die Dicken keine Lobby mehr.

Gayle T., 42,
Hüttengesäß

Liebe Gayle!

Es gibt keine chice Haute Couture für Fettmöpse, weil dicke Frauen nichts kaufen. Wenn sie en masse die Läden stürmen würden und Chanel-Kostüme in Größe 50 haben wollten, würde die Industrie sie produzieren. Aber dicke Frauen bleiben zu Hause. Weil sie sich schämen. Sie verstecken sich unter der Bettdecke und wollen nicht gesehen werden.
Sie schämen sich für ihre wogenden Dekolletés, die nahtlos in das Doppelkinn übergehen, und für ihre ausladenden, unkontrollierbaren Hinterteile, die für die Ästhetik der Modemacher eine Bedrohung darstellen, weil sie jede Linienführung ruinieren. Sie machen aus Punkten Quadrate und verzerren Streifen zu Wellen. Das will kein Fashion Designer. Ich finde, dicke Mädels sollten ihre eigene Elefantenparade erfinden, so was wie den CSD für Fettmöpse. Wenn ihr alle geschlossen auf die Straße geht, nach Größe 50 ruft und voller Stolz eure Transparente vor euch her tragt, bis der Asphalt bebt, dann wird die Modewelt euch erhören. Bei der Love-Parade waren auch erst 50 Leute und jedes Jahr kamen mehr dazu. Einer muss den Anfang machen, sonst bleibt alles wie es ist. Und du musst im Kaftan selig werden.
Oder trete angekettet vor der Hermes-Filiale in

Paris in einen Hungerstreik. Gib Statements ab wie: »Ich geh hier erst weg, wenn mir die Caprihosen der Sommerkollektion passen.« Die Presse wird dich lieben!

Liebe Desi!

Meine beste Freundin spielt sich mir gegenüber neuerdings als nebenberufliche Diätberaterin auf. Wir beide sind gelinde gesagt ziemlich fett. Wenn wir am Telefon quatschen, knabbern wir immer, ich meistens Chips. »Was isst du gerade?«, will sie dann wissen. »Nüsse«, sage ich dann, weil die gesünder sind. Ich muss ja lügen, denn sie kritisiert mich ständig für meine falschen Essgewohnheiten. Bei Chips würde sie meckern und mir erzählen, dass ich die falschen Kalorien zu mir nehme. Sie isst beim Telefonieren aber immer Schokolade und ich rechne ihr dann vor, dass wir uns mit einem Telefonat 3000 Kalorien eingepfiffen haben.
Nun das Problem: Ich habe eine Diät begonnen und esse am Telefon nicht mehr. Man sieht jetzt auch, dass ich pro Monat ein Kilo abgenommen habe. Erst hat sie das bewundert, nun aber wird sie eifersüchtig, weil sie dick bleibt. Uns hat nur das Dicksein zusammengeschweißt und seitdem ich schlanker werde, merke ich, dass die Freundschaft bröckelt. Jetzt freut sie sich auch noch, dass meine Diät so langsam geht, und will mir erzählen, dass ich alles falsch mache und es sowieso nicht mehr lange durchhalte.
Manchmal möchte ich sie direkt anschreien, aber dann hätte ich ja keine Freundin mehr. Und all das

wegen dem Essen! Verliere ich mein Umfeld, wenn ich schlank werde? Weißt du Rat?

Edeltraud K., 49,
Salzgitter

Liebe Edeltraud!

Ich finde es bei engen, guten, besten Freunden immer gefährlich, das Gewicht zu thematisieren oder die Figur zu kritisieren. All das sind empfindsame Punkte unseres Egos, und wenn jemand sich darüber mokieren möchte, dann wenigstens hinter unserem Rücken.
Selbst wenn du die dickste Frau der Welt wärest, wenn du Hab und Gut verlieren würdest, wenn dein Gesicht durch einen Unfall entstellt wäre, ein guter Freund wartet, bis er von dir ein Zeichen bekommt, dass du über die Katastrophe reden willst. Dann kann man sich nach Belieben ausheulen, aber wirklich erst, wenn die betroffene Person das Gespräch auf diesen wunden Punkt bringt. Gute Freunde sind Menschen, mit denen man über alles reden kann. Die beste Freundin zu sein aber, das bedeutet zu wissen, wann es an der Zeit ist, so zu tun, als wäre nichts geschehen.
Ich frage mich, warum du das Bedürfnis hast, deine beste Freundin anzuschreien? Es gibt doch die Möglichkeit, ihr freundlich zu sagen, dass sie sich nicht über deine Diätbemühungen lustig machen soll. Wenn du wirklich schlank werden solltest, wirst du sowieso neue Themen haben: Wie soll sie erst reagieren, wenn du ihr erzählst, das du dich in einen kna-

ckigen Jeansrock gezwängt hast? Ich glaube, deine dicke Freundin fühlt sich gar nicht wohl in ihrer Haut und hat Angst, alleine dazustehen, wenn du mit ihr nicht mehr das Leben als Fettwanst teilst. Entweder muss sie anerkennen, dass du die Disziplin gefunden hast, deine Figur zu verbessern, oder sie sollte sich dazu animieren lassen mitzumachen. Hilf ihr doch mit einer Einladung zu den Weight-Watchers!

Aber da sieht man es mal wieder: Wer so fett ist, dass er zwei Bäume entwurzelt, wenn er sich in eine Hängematte plumpsen lässt, wer mehr wiegt als der eigene Kühlschrank, hat ein angeknackstes Selbstbewusstsein und verliert leicht die Balance, wenn er von der besten Freundin allein gelassen wird. Hoffentlich schaufelt deine Freundin in ihrem Kummer nun nicht noch mehr in sich rein. Könnt ihr nicht weiter telefonieren wie früher und dabei Karotten knabbern? Hach, ihr macht es euch aber auch selber schwer. Das Beste wäre, ihr geht gemeinsam in ein Diätsanatorium, das würde die Freundschaft am Leben erhalten! In Wahrheit seid ihr beiden richtige Mimöschen, Sensibelchen mit Hunger nach Liebe – also macht wenigstens was draus und vertragt euch wieder!

7. Kapitel
100 Gründe, warum Frauen sich flachlegen lassen

Gibt es überhaut noch etwas, das nicht schon öffentlich über Sex gesagt wurde? Eigentlich nicht. Heutzutage wird selbst beim ZDF regelmäßig von »blasen« und »Titten« gesprochen. Wir dürfen dank der öffentlich-rechtlichen Fernsehsender sogar erleben, dass es möglich ist, die Worte »Bundestagsdebatte« und »Zungenkuss« in ein- und demselben Satz zu verwenden. Wie kommt es dann, dass trotz sexueller Aufklärung in den Medien und im Zeitalter nach »Sex and the City« die Menge des Wissens von Männern um die Sexualität von Frauen ungefähr so gering ist wie das Gewicht eines Nylontangas von Victorias Secret?

Aber langsam: Was hat es mit Sex in den Medien auf sich?

Erstens gibt es nicht genug davon!

Zweitens: Warum besitzen Drehbuchautoren immenses Wissen über Prostitution, Computerhacker, Terrorismus, Bankenskandale, Drogenfahndung und moderne Seuchen, haben aber nicht den geringsten Schimmer vom Vorspiel? Bei Liebeszenen im Fernsehen werden hübsche Schauspielerinnen von älteren Typen aufgerissen, nach fünf Sätzen abgeschleppt und in einem Zeitraum zum Orgasmus gebracht, den ich brauche, um ein Lean Cusine-Menue in der Mikrowelle zu erhitzen. Mehr ist den Autoren ein Höhepunkt nicht wert. Natürlich krallen sich beim Akt immer perfekt lackierte, lange Fingernägel in den Rücken des Liebhabers, um ihn zu zerkratzen, und die Frau schmeißt ihren Kopf exstatisch von rechts nach links. Diese Körpersprache ist medial beinahe so exakt festgelegt wie ein Tanzschritt beim Cha-Cha-Cha.

Drittens: Ebenso wie »Gefrierbrand«, »Grauschleier« oder »Kalkfraß« werden wir in regelmäßigen Abständen auch mit neuen Kreationen aus der Welt der Sexualforschung überrascht. Alles mediale Panikmache. Im Zeitalter der 65-jährigen Gebärenden, der Leihmütter, des Rinderwahns, der Vogelgrippe und der Schweinepest haben Männer nun angeblich auch ihre Tage, ihre Wechseljahre und einen G-Punkt. Als wenn wir Frauen nach zwei Millionen Jahren plötzlich eine Landkarte bräuchten, um uns den Weg durch die Welt der männlichen Genitalien zu bahnen! Jeder Primat kommt ohne Anleitung aus, aber selbst dieses instinktive Wissen wird den Frauen nun abgesprochen.

Die fast immer männlichen Drehbuchautoren entwerfen zwangsläufig ein Frauenbild, dessen Konturen den persönlichen Traumwelten der Schreiberlinge entsprechen. Diese Schreibtischhengste kennen nur ein Motiv, wenn Frauen sich sexuell einlassen: Geilheit! Was auch sonst? Wenn es hochkommt, gibt es noch die Variante a: Geilheit, weil wir verliebt sind, und Variante b: Geilheit, weil wir ein Baby wollen. Am quotensichersten ist natürlich immer Variante c: grundlose Geilheit, weil wir Schlampen sind!

Avantgardistische Jungfilmer, die mit der Goldenen Palme des Locarno-Filmfestivals liebäugeln, gestehen uns eventuell noch eine subversive Geilheit zu, weil wir Opfer der Feministinnenschwemme der 70er Jahre sind und man uns vorgegaukelt hat, wir wären im Zuge der Emanzipation befähigt, herumzuschlafen wie die Kerle.

Ach herrje, kann ich da nur sagen. Entspannt euch,

Jungs! Das ist im Leben einer Frau doch alles ganz anders!

Ihr ahnt ja nicht einmal, wie vielfältig die Motive, wie wandelbar die Bedürfnisse, wie weich das Herz einer Frau sein kann, um Geschlechtsverkehr vor sich selbst zu rechtfertigen! Ich glaube, wenn ihr das wüsstet, würdet ihr alle spätberufene Alters-Homosexuelle werden, denn unter Kerlen geht es ja wirklich immer nur um das eine!

Wir Mädels haben Sex aus einer Vielzahl von Gründen, die ebenso komplex wie nuanciert oder banal sein können. Wir haben Sex aus edlen Motiven und wir haben Sex aus niederen Motiven heraus. Manchmal haben wir sogar Sex, weil wir bescheuert sind.

Frauen machen die Beine breit, weil ihnen langweilig ist, weil sie Mitleid haben, weil sie leidenschaftlich sind, weil sie unsicher sind, weil sie neugierig sind, weil sie bedürftig sind, weil wir uns rächen wollen, weil wir Nähe suchen, weil wir Trost brauchen, weil wir Kummer haben, weil wir Angst haben, weil wir Person A nicht kriegen konnten und uns daher mit Person B begnügen. Manche Frauen haben sogar Sex, weil sie sich sagen: »Wofür nehme ich denn eigentlich die Pille?«

Ich kenne eine Frau, die Sex mit einem Clown hatte, weil sie zum Zirkus wollte. Ich kenne massenhaft Frauen, die Sex mit Fotografen hatten, weil sie zum Film wollen. Ich hatte Sex mit einem Ostschauspieler, weil ich nicht auf der Ernst-Busch-Schule war – ich dachte, das gleicht das irgendwie aus.

Drei- oder viermal im Leben haben wir sogar kontinuierlichen Sex, weil wir die große Liebe, Vertrauen, Treue und Romantik suchen.

Um für die gesamte Männerwelt – von Drehbuchautoren bis Ehegatten, von Fans bis Verhaltensforschern, von Skilehrern bis Journalisten, ja, bis hin zum Nachbarn, mit dem es klappt – die Varianten, warum wir uns wirklich flachlegen lassen, akkurat aufzufächern, teile ich gerne unter größten persönlichen Risiken für etwaige Folgen die Ergebnisse meiner Feldforschungen der geneigten Leserschaft mit:

100 Gründe, warum wir uns flachlegen lassen:
Wir Frauen lassen uns flachlegen, weil …

1. wir so unwiderstehlich attraktiv sind, dass Männer an nichts anderes als an Sex denken können.
2. wir wissen wollen, wie sich Sex mit einer anderen Frau / einem Rasta / einem CSU-Wähler anfühlt.
3. wir wissen wollen, ob unsere Silikonimplantate der Lüge standhalten.
4. wir uns nicht länger über den Palästinenserkonflikt voll labern lassen wollen.
5. wir seit Sex and the City glauben, wir seien zu kurz gekommen.
6. unser Chef jung, hübsch und smart ist.
7. wir beweisen wollen, dass wir besser als die Ehefrau sind.
8. wir beweisen wollen, dass Papis alter Flickschlitten der Beste ist.
9. wir Papas Vorhaltungen, dass wir mit dem Rohrleger geflirtet haben, ein Ende setzen wollen.
10. wir gegen den Ruf ankämpfen müssen, alte Jungfern zu sein.
11. wir brüten wollen.
12. wir Geld brauchen.
13. wir Sex schon immer mal »woanders« ausprobieren wollten: auf dem Billardtisch, im Flugzeug, auf dem Motorrad oder im Fahrstuhl.
14. wir Spielzeuge lieben: Wasserbetten, Strap-on-Dildos, Anal-Plugs, Kondome mit Erdbeergeschmack …

15. wir was gegen die Novemberdepression tun müssen.
16. wir Kalorien verbrennen wollen.
17. wir betrunken sind.
18. wir uns ablenken wollen: von der Steuererklärung, Hausaufgaben oder Kopfschmerzen.
19. wir auf billige Tricks reinfallen: Schaumbad, Barry-White-CD und Dom Perignon im Hotel zum Beispiel.
20. wir Angst haben, dass der Typ, wenn wir uns verweigern, misstrauisch, sauer, böse und gewalttätig wird – oder uns rausschmeißt.
21. wir uns erwachsen und cool fühlen wollen.
22. wir uns glamourös fühlen wollen und die Gelegenheit mit einem Millionär, einem Rock-Star, einem Soap-Star in die Kiste zu steigen nicht verpatzen wollen.
23. wir auf den Skilehrer scharf sind.
24. wir unsere beste Freundin nicht enttäuschen wollen, die ihrem Kerl einen Dreier versprochen hat.
25. wir im Karneval kein Spielverderber sein wollen.
26. wir den Job brauchen.
27. wir den Gebrauchtwagen billiger kriegen wollen.
28. wir uns für das Geschenk/den Ring/die Rolex bedanken müssen.
29. wir Schuldgefühle haben und eine Rechnung zu begleichen ist (Reifen gewechselt/uns aus Lawine ausgegraben/vor dem Ertrinken gerettet/die Katze betreut/den Hund ausgeführt/den Computer upgedatet/den VCR programmiert).
30. wir auf der Castingcouch sitzen.
31. wir im Ausland unterwegs sind und kein Geld mehr haben.
32. wir als Touristin in den Ferien eine Fremdsprache lernen wollen.

33. wir Eifersucht bei unserem »richtigen« Partner schüren wollen.
34. wir wissen wollen, wie schnell ein Quicki sein kann.
35. wir manipulieren wollen/müssen.
36. wir uns beliebt machen/einschleimen wollen.
37. wir Abwechslung in den Alltag bringen wollen und es schon immer mit dem Mann der besten Freundin versuchen wollten.
38. wir eine gute Gelegenheit ergreifen, die sich im Urlaub bietet.
39. wir den Fitnesstrainer scharf finden.
40. wir sentimental sind und die alten Zeiten wiederbeleben wollen.
41. wir die Erotik des Ostens erkunden wollen, quasi aus Political Correctness.
42. wir beweisen wollen, dass wir nichts gegen Schwarze/Juden haben.
43. wir einen Typen kennen gelernt haben, der uns an unseren eigenen erinnert.
44. wir einen Typen kennen gelernt haben, den wir aus einem früheren Leben zu kennen glauben.
45. wir einem Typen vor ein paar Jahren eine Absage erteilt haben, und nun aus Notstand die Sache nachholen wollen.
46. wir es peinlich fänden, in einer gewissen Situation einen Korb zu geben.
47. wir finden, dass mal wieder nichts im Fernsehen kommt.
48. wir nicht die Einzige aus unserer Clique sein wollen, die keinen Liebhaber hat.
49. wir ja irgendwas zu bieten haben müssen, wenn wir schon nicht kochen und
50. putzen können.
51. wir unsere Macht gegenüber Abhängigen ausspielen wollen.

52. wir uns selbst oder anderen etwas beweisen müssen: »Na bitte, ich bin doch nicht schwul!«
53. »Seht ihr, ich bin doch noch begehrenswert!«
54. »Ätsch! Was ihr könnt, kann ich auch!«
55. wir respektiert werden wollen.
56. wir ein Preisausschreiben auf dem Clubschiff Aida gewonnen haben.
57. wir zu viel Pay-TV im Hilton gesehen haben und der Typ an der Rezeption annehmbar aussieht.
58. wir anders aus der Nummer im Single-Chat im Internet nicht mehr rauskommen.
59. wir hoffen, dass unser Ex davon erfährt.
60. wir es jemandem heimzahlen wollen: »Du hast mich betrogen? O. k., das hast du nun davon!«
61. »Die hat meinen Liebhaber flachgelegt, jetzt nehme ich mir ihren!«
62. wir unsere Erfahrungen unterhalb der Gürtellinie erweitern wollen.
63. wir sportlich sein wollen.
64. wir uns im emotionalen Chaos befinden und es auskosten.
65. wir auf einer Schauspielschule sind und »Erfahrungen« sammeln wollen, um »durchlässig« zu werden.
66. wir nach dem Sommerurlaub die Hausaufgabe »mein schönstes Ferienerlebnis« abgeben müssen.
67. wir unsere Eltern schockieren wollen: »Mann, Papa würde von seinem Polopferd fallen, wenn er mich hier auf der Hütten mit dem Stallburschen erwischen würde!«
68. »O nein, meine Mutter hat nichts dagegen, ich schlafe immer mit ihren Liebhabern!«
69. wir unseren Kollegen/Freunden was erzählen wollen.
70. es Weihnachten einfach dazugehört.

71. wir die einzige hübsche Krankenschwester auf der Männerstation sind.
72. wir ein Helfersyndrom haben.
73. Raggae-Musik mit uns Dinge macht, die wir nicht mehr kontrollieren können.
74. die Tüte, die wir rauchen, zu groß ist.
75. im Vibrator keine Batterien mehr sind.
76. es Spaß macht und sich gut anfühlt.
77. wir neue Schuhe brauchen.
78. wir nicht weniger Sex haben wollen als unsere Großeltern.
79. der DJ im richtigen Moment unser Lieblingslied spielt.
80. wir in Übung bleiben wollen für den »Richtigen«.
81. wir denken: »Andere Leute machen das doch auch!«
82. wir jemanden brauchen, der uns kostenlos die Wohnung streicht.
83. wir jemanden brauchen, der unser Bad sanieren kann.
84. das Hotel günstiger kommt, wenn wir ein Doppelzimmer buchen.
85. wir merken, dass einer dieselben Bücher liebt wie wir.
86. wir entdecken, dass wir die gleiche Plattensammlung haben.
87. wir eine unerwartet wohltuende, fruchtbare Aussprache hatten.
88. einer unsere Glühbirnen ausgewechselt hat.
89. einer uns die Füße und den Rücken verdammt gut massiert hat.
90. wir mit einem romantischen Kurzurlaub überrascht wurden.
91. ein knackiger junger Mann unseren Keller gratis entrümpelt hat.
92. wir spüren, dass dieser Mann uns jeden Wunsch von den Augen abliest.

93. wir gesagt bekamen: »Ich liebe dich.«
94. wir dankbar sind, dass ein Typ die Klobrille zurückgeklappt und nicht bekleckert hat.
95. wir einen Mann abgöttisch lieben und ihn mit Haut und Haar in uns aufnehmen wollen, um mit ihm zu verschmelzen, bis dass der Tod uns scheidet.
96. wir an die Aktenlage denken und uns im Scheidungsprozess nicht »Vernachlässigung ehelicher Pflichten« vorwerfen lassen wollen.
97. unser Traummann, der 17 Jahre jünger ist, auf der Tanzfläche unsere Hand nimmt und mit einem einzigen Blick in unsere Augen jeglichen Widerstand vernichtet!
98. wir unsere Kondome aufbrauchen wollen, bevor das Verfallsdatum erreicht ist.
99. wir in die Zeitungen kommen wollen wie Jenny Elvers.
100. unsere Mütter gesagt haben: »Mach was aus dir, du siehst doch flott aus.«

Bitte die Liste nach Belieben erweitern und unter *www.desireenick.de* an die Autorin zwecks Vervollständigung weiterleiten.

Liebe Desi!

Ich bin geschieden, wohne aber noch mit meinem Mann zusammen und schlafe jetzt wieder mit ihm. Mit dem Anlass der Scheidung, meinem Nachbarn, schlafe ich auch noch regelmäßig. Dann habe ich noch ein Verhältnis mit einem LKW-Fahrer. Es macht mich geil, die Partner zu wechseln und mich den Männern wie eine Schlampe hinzugeben. Bin ich eine Nymphomanin oder sexsüchtig? Oder soll ich meinem Mann alles beichten? Ich fühl mich jedenfalls wohl dabei, habe leidenschaftlichen Sex und bin auch sehr glücklich! Meine Frage lautet: Darf man das?

Janine, 36,
Gütersloh

Liebe Janine!

Wann arbeitest du?
Nun, du hast Besseres zu tun: Du rettest die Statistiken, die beweisen, dass in deutschen Betten tote Hose herrscht. Wenn du auf der Bildfläche erscheinst, steigt die Anzahl des durchschnittlichen monatlichen Geschlechtsverkehrs pro Bürger deutlich an. Man könnte auch sagen, du rammelst für uns mit! Wenn du jedes Mal 20 Euro nehmen würdest, wäre das fast schon eine redliche Arbeit. Toll, dass du Zeit gefunden hast, mit diesem Brief an mich die Zeit zwischen drei Nummern zu überbrücken.
Mädel, wie sieht's denn mit der Gesundheit aus? Nimmst du denn auch schön Kondome? Du hast ja alle verflossenen Geschlechtspartner deiner drei aktuellen Liebhaber stets mit im Bett. Stell dir das vor wie eine Pyramide: du bist die Spitze, nach unten wird die Basis immer breiter.
Ist es nicht schön, dass wir in einem Land und in einer Zeit leben, wo dir selbst das hohe Gericht bescheinigen müsste, dass du nichts Illegales tust? So gesehen lässt sich deine Frage, ob man das darf, also mit »JA« beantworten. In einer anderen Gesellschaft

hätte man dich schon gesteinigt! Das mit dem Nachbarn kann jedem mal passieren und der LKW-Fahrer fährt ja Gott sei Dank schnell immer wieder weit weg. Dass du Nymphomanin bist, glaube ich eigentlich nicht, denn das sind ja eigentlich immer frigide Frauen, die nach außen hin eine enorme Show abziehen. Ich glaube ganz einfach, dass du geil bist, und wenn die Muschi ruft, sind eben eine ganze Menge Männer zur Stelle.
Wo ich eine Gefahr sehe, ist die Sache mit deinem Exmann: Da tut sich ja eine weit klaffende Schere auf, zwischen dem, was ihr euch emotional per Scheidung bescheinigt habt, und dem, wie ihr körperlich handelt. Nicht unbedingt das, was man eine gesunde Einheit aus Körper, Geist und Seele nennt. Was empfindest du für diese Männer? Sind sie alle austauschbar? Vielleicht bist du sogar wahllos? Welcher ist dir denn der Liebste? Beichten musst du deinem Mann ja gar nichts mehr, denn ihr seid geschieden. Reinen Wein musst du ihm nur einschenken, wenn du mit den beiden anderen Schluss machst und dich neu zu ihm bekennst. Liz Taylor hat ja in Richard Burton auch ihren Geschiedenen noch mehrmals geheiratet. Leider hat es in deinem Fall wenig Sinn, dir zu raten, was ICH tun würde, nämlich eine Therapie beim Psychologen machen. Aber das geht in deinem Fall nicht, denn dann fängst du mit dem ja auch noch was an. Ich glaube, in Wirklichkeit bist du wahnsinnig einsam. Versuche, mal mehr in Qualität zu denken und nicht in Quantität. Im Moment glaube ich aber, ist dir nicht zu helfen. Süchtigen ist ja erst zu helfen, wenn sie so satt sind, dass sie der Ekel vor sich selbst befällt. Momentan scheinst du noch Spaß zu haben – das ist ja das Schlimme!

Liebe Desi!

Gibt es Regeln, wie ich mich beim ersten Mal verhalten soll, damit es ein gelungener Abend wird? Ich will, dass er mich nie wieder vergisst und ich mehr als nur eine Nummer bin, die er von seiner Liste abarbeitet. Wie kann ich Sex noch aufregender werden lassen?

Waltraud K., 37,
Glauchau

Liebe Waltraud!

Verstehe! Du begnügst dich nicht mehr damit, deinem Partner einen schönen Abend mit großartigem Sex zu verschaffen, sondern du willst mehr als das: Du willst eine kleine Schlampe werden, die ihn abhängig macht und der er willenlos verfällt!
Die Antwort lautet: Hab Spaß und nimm das Ganze nicht zu ernst. Versuche, dich auf nichts anderes als auf euch beide zu konzentrieren. Denke nicht an die Arbeit, deine Einkäufe, den Abwasch, deine Börsenverluste, deine Kündigung oder deine Pickel. Sag ihm, wie toll sich alles anfühlt, was er mit dir macht, und sag ihm, was er noch alles tun soll. Sobald du an irgendwelche anderen Dinge denkst, nimmst du den Focus von dem, was gerade passiert, und das lenkt vom ganzen Erlebnis ab.
Kleine Schlampen, die wirklich sexy sind, bereiten sich auf die Dinge, die da kommen mögen, gut vor. Kleine Schlampen überlassen nichts dem Zufall. Sie haben eiskalten Wodka im Gefrierfach, verstecken

ihre dicken Puschen und Flanellschlafanzüge und tragen niemals Pyjamas. Denn die versperren den Zugang. Sie haben einen Sarong, den sie im Nacken zusammenknoten, das ist viel verführerischer, als am Morgen nackt aufs Klo zu rennen. Sie schlafen auf Satinkissen, und das aus gutem Grund: Man wacht nicht mit zerstörter Frisur auf. Das Haar gleitet sanft über die glatte Oberfläche der Bettwäsche und wird nicht wie auf billigem Frotté filzig zerzaust. Schlampen haben immer tolle, saubere Bettwäsche. Das Bett ist eine Einladung, eine Visitenkarte, die hält, was sie verspricht. Es ist ihr Arbeitsplatz, ihr so genanntes Headquarter.

Auch wenn Schlampen nicht rauchen, haben sie im Nachtkästchen ein paar Zigaretten liegen, damit alles parat ist, was der Mann braucht, um sich als ganzer Kerl aus der Camel-Werbung zu fühlen.

Das Credo einer Schlampe ist: Immer eine perfekte Pediküre – nicht nur im Sommer.

Am »Tag danach« legen Schlampen den Hörer neben das Telefon und stellen ihr Handy ab. Das macht den Typen verrückt, denn er wundert sich, was die Tussi wohl so treibt oder mit wem sie stundenlang telefoniert. Wenn der Kerl dann fast durchdreht, schicken Schlampen versaute SMS, die den Mann hypnotisieren, locken und ihn dazu bringen sollen, angesichts der bevorstehenden Ereignisse lechzend auf der Fußmatte zu liegen und um eine Audienz zu bitten.

Schlampen rasieren sich nicht nur bis zum Knie. Sie sind überall aalglatt. Na dann mal an die Arbeit!

Liebe Desi!

Im Kölner Karneval bin ich mit meinem Chef von der Versicherungsgesellschaft, für die ich arbeite, im Bett gelandet. Damit die Sache im Büro nicht die Runde macht, siezen wir uns weiterhin vor den Mitarbeitern. Schließlich sind wir beide verheiratet. Obwohl wir es als »Ausrutscher« betrachtet haben, geht die Affäre nun doch weiter. Es ist im Stehen mitten im Büro passiert, und die Tür war nicht mal abgeschlossen. Seitdem gehen wir in der Mittagspause heimlich in Hotels. Jetzt bin ich schwanger. Ich habe nicht verhütet, weil ich dachte, keine Kinder mehr kriegen zu können. Ich glaube, das Kind ist von meinem Mann, aber ich weiß es nicht genau. Was soll ich tun? Abtreiben? Gestehen und meine Ehe riskieren? Wir haben doch schon zwei Kinder und leben in einem hübschen Reihenhaus. Soll ich die Ehe meines Chefs zerstören? Ich bin ratlos und habe niemanden, dem ich mich anvertrauen könnte. Wie soll ich mich in dieser Gewissensfrage verhalten?

Christel H.,45,
Mettmann-Metzkausen

Liebe Christel!

Erst mal würde ich dir empfehlen, im Büro den obersten Knopf deiner Bluse zu schließen!
Ihr wollt es jedenfalls beide, das steht fest. Offenbar lohnt sich die Sache, sonst würdet ihr nichts riskieren. Da kann man ja fast neidisch werden, denn was Sex angeht, kommst du wahrlich nicht zu kurz. Da

du in sozial gesicherten Verhältnissen lebst, würde ich das Kind auf keinen Fall abtreiben lassen. Es könnte ja tatsächlich von deinem Mann sein. Sag ihm auf gar keinen Fall die Wahrheit, denn sonst droht dir lebenslänglich eine zerrüttete Ehe. Auch die Frau deines Chefs wird vorziehen, dass man ihre »heile Welt« nicht zerstört. Sie ahnt wahrscheinlich nicht mal, dass ihr Mann fremd geht. Lass der Frau ihre Illusionen. Niemand hat das Recht, die Träume eines anderen kaputt zu machen.
Ich an deiner Stelle würde das Kind bekommen und von beiden Vätern abkassieren. Von deinem Mann kriegst du Unterhalt. Dazu gibt's das staatliche Kindergeld. Von dem Betriebsausflugspapi greifst du die Alimente ab, und wenn er schlau ist, legt er noch ein Schweigegeld drauf. Ich finde, da kann dir die Frau deines Chefs doch sehr dankbar sein, wie du alle Beteiligten schützt. Bei dieser Lösung wird der Seelenfrieden von vier Erwachsenen und deren Kinderschar gerettet und du belastest nicht mal Vater Staat. Außerdem: Mit deinem Arbeitgeber ein wirklich prekäres Geheimnis zu teilen, ist die beste Absicherung, die der Arbeitsmarkt bieten kann. Und vielleicht bist du ein Glückspilz und erkennst, wenn das kleine Bündel dereinst in der Wiege liegt, dass es die gleiche Knollennase wie dein Mann hat. Wenn nicht, dann rede ihm das einfach ein. Männer schauen prinzipiell gar nicht so genau hin. Und wenn in zehn Jahren mal die Bombe platzt, dann hat dein Mann das Kind so ins Herz geschlossen, dass es ihm egal sein wird. Merke: Es gibt Dinge, die nimmt man am besten mit ins Grab!

Liebe Desi!

Ich bin in einem moralischen Dilemma: Mein Mann, Schauspieler, hat wieder Kontakt zu seiner Ex aufgenommen! Angeblich nur, weil er davon träumt, mit uns beiden Sex zu haben. Er hat mir gesagt, die Ex sei bi und habe ihn wegen einer Frau verlassen. Diese Situation fände er aber sehr erregend und ich hätte, weil die Ex eigentlich lesbisch sei, doch keinerlei Grund zur Eifersucht. Jetzt drängt er mich zu einem Dreier. Was soll ich davon halten?

Ute S., 41,
Woddow

Liebe Ute!

Ich glaube ehrlich gesagt, immer wenn dein Macker von einer Lesbe redet, kriegt er einen Ständer. Er biegt sich die Dinge so zurecht, wie er sie braucht, um irgendwie einen Kick daraus zu ziehen.
Du hast nur eine Chance: Komm der Frau so richtig nahe! Oberste Aufgabe ist es, die Handynummer dieser Ex zu ergattern. Sag deinem Freund einfach, wenn seine Phantasie umgesetzt werden soll, müsst ihr euch zuerst unter vier Augen beschnuppern. Die Ex wird mit Sicherheit neugierig auf dich sein, noch dazu wo sie besondere Antennen für Frauen hat. Unter Mädels wird sie erst mal richtig auspacken über den Verflossenen. Vielleicht hat er sie ja vergrault und verkauft sich dir nur als Opfer? Vielleicht hat sie wegen ihm die Schnauze gestrichen voll von Männern? Nach eurem Weiberabend werden alle

Irrtümer und Zweifel aus dem Weg geräumt sein. Allerdings musst du dich innerlich auf Hiobsbotschaften und quälende Fakten vorbereiten. Vielleicht ist sie nur ein burschikoser Typ, will ihn zurückhaben und versucht, ihn mit einer inszenierten lesbischen Affäre um den Verstand zu bringen? Zwischen dem Erlebnisbericht eines Mannes und dem einer Frau über zerronnene Liebe liegen ja Welten! Wenn er prahlt, man habe sieben Stunden lang heißen Sex gehabt, berichtet sie, dass der Knabe wohl das Abendessen und den Kinofilm mitgerechnet hat! Das ist überhaupt immer die ultimative Geheimwaffe von uns Frauen, wenn eine Ex unseres Mannes auf der Bildfläche erscheint: Statt einen Zickenkrieg zu führen, machen wir sie zur Busenfreundin! Von zwei Frauen, an denen er rumgenuckelt hat, durchgehechelt zu werden, ist die absolute Feuertaufe jeden Mannes. Obwohl körperlich abwesend, liegt er doch wehrlos auf dem Seziertisch. Für Operationen dieser Art braucht sich keine Frau zu schämen. Ich finde, es ist unser gutes Recht als Frau, uns Klarheit darüber zu verschaffen, mit wem wir es eigentlich zu tun haben.
Vielleicht entpuppt sich besagte Ex aber auch als sportliche Chance, die Grenzen deiner ganz persönlichen Neigungen auszuloten. Ich meine, für einen prickelnden One-Night-Stand kann man die Sache ja mal in Erwägung ziehen. Ich finde, wenn man eine fruchtbare Partnerschaft eingeht, sollte man auch mit vollem Körpereinsatz dabei sein. Doch was ist, wenn es dir nicht mundet? Dann wird dein Lover eh wenig Spaß an dem Spektakel haben. Lass deinen Emotionen ebenso freien Lauf wie deinen Abneigungen. Sex soll ja schließlich nicht in Barmherzigkeit ausarten! Und wenn die Sache plötzlich

richtig abgeht? Keine Sorge, einen Mann als Damenduett permanent und fordernd bei Stange zu halten, wird ihn innerhalb weniger Tage arbeitsunfähig, ausgelaugt und seiner schönsten Phantasien beraubt in sich zusammensacken lassen – dann hast du ihn wieder ganz für dich allein und kannst ihn resozialisieren.
Ach so, ein Hinweis noch: Versteck dich im Kleiderschrank, wenn die Neue von der Ex vor der Tür steht und deinem Mann eins aufs Maul haut!

Liebe Desi!

Vor einigen Monaten habe ich mich bei Freunden in eine ganz tolle, süße Frau verliebt. Sie ist 28 Jahre, Stewardess, sieht bildhübsch aus, hat eine Bombenfigur und lange blonde Haare. Sie ist irre witzig und fährt ein Cabriolet.
Das Problem: Sie will nur Sex, und ist, was Partnerschaft und Treue angeht, völlig abgeklärt. Als ich sie fragte, ob wir zusammenziehen wollen, sagte sie: »Haben wir Verträge abgeschlossen?« Nach dem Sex soll ich mich anziehen und verschwinden. Wenn wir ausgehen, flirtet sie sogar mit anderen Männern und notiert Telefonnummern. Glauben junge Frauen von heute überhaupt noch an die Liebe? Oder bin ich wieder auf ein Flittchen reingefallen?

Dietmar G., 39,
Bottrop

Lieber Dietmar!

Liebe ist, wenn Mann und Frau eins werden. Der ganze Streit heutzutage beruht darauf, dass wir uns nicht einig sind, wer wer ist. Ich halte die Gleichberechtigung der Frau für eine Lüge: Ein Mann kann herumschlafen, so viel er will, und seine Kumpels klopfen ihm dafür auf die Schulter – als Mädel macht man 40- bis 50-mal einen Fehler, und schon gilt man als Flittchen. Männer dürfen in unserer Gesellschaft stolz darauf sein, wenn sie gut bestückt sind. Wenn Frauen hingegen zeigen, dass sie wissen, was sie zwischen den Beinen haben, sind sie Schlampen.
Die Umstände sind heutzutage hart für Frauen. Freiheit und Gleichberechtigung gefährden die Sicherheit von Beziehungen. Deine Freundin ist eine erfolgreiche Persönlichkeit. Sie hält ihre Höhle selber warm und kann eine Glühbirne auswechseln. Sie frühstückt lieber allein als in schlechter Gesellschaft. Wenn du willst, kannst du das ändern – hier mein Tipp: Lade sie zur nächsten Liebesnacht in deine Wohnung ein und überrasche sie morgens um sieben mit einem perfekt gedeckten Frühstückstisch und duftendem Kaffee. Ich verspreche dir, sie wird begeistert sein!
Für uns Frauen hängt die Latte mittlerweile so hoch, dass wir auch in der Liebe Perfektion suchen. Weil wir dieses Ideal natürlich nicht finden, geben wir uns mit dem Zweitbesten zufrieden: Sex! Das ist unser Ausweg, um uns vor Enttäuschungen zu schützen und doch mit den Männern zu kooperieren. Glaub mir, es war nicht leicht, an diesen Punkt zu kommen. Denn die Sehnsucht nach Romantik und Hingabe, Verletzlichkeit und Nestbau schlummert tief in unserem Herzen. Schwach sein dürfen, sich

anlehnen, beschützt werden, auf Händen getragen werden, das sind die Elemente, um welche die Emanzipation uns Frauen betrogen hat. Jede Frau, die nur auf Sex aus ist, lebt einen Kompromiss. Aber wir Mädels werden immer an die Liebe glauben – trotz allem. Doch erst, indem wir loslassen, geben wir dem Leben die Chance zu schwingen. Wir lassen uns von ihm überraschen und verhalten uns nach dem Motto: Ein Mann ist nicht die Antwort auf alles – aber er ist das Sahnehäubchen unseres Lebens!
Ich glaube, es lohnt sich, denn Männer sind unverzichtbar – abgesehen von ein paar Nervenzusammenbrüchen und zerstochenen Autoreifen kann man mit ihnen wirklich verdammt viel Spaß haben. Dafür lohnt es sich schon, jeden Morgen aufzustehen! Die junge Dame hat dir eine Chance gegeben. Nutze die Zeit, um ihr zu beweisen, dass du den anderen Kerlen was voraus hast.

Liebe Desi!

Meine Ehe ist gescheitert. Gott sei Dank, es waren brutale Jahre!
Nun habe ich mit 54 Jahren einen lieben Menschen gefunden, der sehr zärtlich zu mir ist. Leider komme ich sexuell nicht zum Höhepunkt, das Vorspiel ist jedoch wunderschön. Mein Partner sagt, wenn er den Höhepunkt auf Dauer nur allein erleben darf, fühlt er sich wie ein Egoist. Dies kann er nicht ertragen. Was kann ich tun? Ich habe Angst, ihn zu verlieren!

Gundula J.,
Schrobbsenwald

Liebe Gundula!

Ich finde es schon mal ermutigend, dass zumindest dein Partner keine Orgasmusschwierigkeiten hat. Nichts ist schlimmer als Männer, die nie zeigen, was in ihnen vorgeht. Das Bett ist wirklich der falsche Ort, um zu beweisen, dass man »ein Stiller« ist. Nichts ist schlimmer als ein Liebhaber, der ohne Vorankündigung plötzlich »fertig« ist. Wie soll man da wissen, wann man aufhören kann, einen Orgasmus zu simulieren?
Die Orgasmuslüge ist eines der ältesten Tabuthemen überhaupt. Männer haben nicht dieses fein verwobene Geflecht von Körper, Geist und Seele wie wir Frauen. Sie sind in der Lage, den Geschlechtstrieb von der Liebe abzutrennen. Dies ist für eine liebende Frau kaum nachvollziehbar. Und was das Schlimme ist: Je größer unsere liebevolle Hingabe, desto empfindlicher reagieren wir auf die feinsten atmosphärischen Störungen in unserer Partnerschaft. Ein verletztes Herz, gestörtes Vertrauen – bums, und schon sind wir nicht mehr in der Lage, unter den Händen des Partners zu zerschmelzen wie Wachs in der Sonne. Für uns Frauen sind Turbo-Orgasmen eben immer noch Ausdruck vollendeten, harmonischen Einklangs mit unserem Partner. Uns befriedigt schon die Erotik als solche, ohne dass wir einen »messbaren« Höhepunkt erreichen müssen.
Für Männer hingegen kann der Orgasmus nicht mehr sein, als eine kurze, emotionslose Entladung im Unterleib.
Was allerdings gar nicht geht, ist, dass dein Partner dich sexuell unter Leistungsdruck setzt. Wer nämlich einen Orgasmus erzwingen will, ist automatisch

schon verkrampft und konzentriert sich auf die falschen Elemente, denn er beobachtet sich selbst. Besser wäre es, den Orgasmus gar nicht als Ziel anzupeilen, sondern sich auf den Lauf der Dinge einzulassen und die körpereigenen Schleusen zu öffnen. Erst indem du loslässt, gibst du deinem Körper die Chance zu schwingen.

Und vor allem: Setze das älteste Stilmittel der Frauen ein. Bediene dich weiblicher Raffinessen, um erst mal deinen Partner zu entspannen. Wenn der den Druck rauslässt, verharre auch nicht länger in steifer Selbstbeobachtung! Schenke ihm einfach, was er so dringend braucht. Ich finde, Männer sollten froh sein, wenn man ihnen was vorspielt. Erstens drückt sich darin echtes Interesse am Partner aus, denn man will einem Menschen, den man gerne hat, die bittere Pille ersparen, dass er nicht die Macht über unseren Gral der Lust hat oder gar ein schlechter Liebhaber ist!

Zweitens gebietet es schon das Taktgefühl, dass man nicht mitten im Verkehr abbricht und mit verwüstetem Haar eine Szene macht, weil die Chemie irgendwie nicht stimmt. Du, meine Liebe, sitzt als Frau immer am längeren Hebel, denn du bestimmst, wann Schluss ist – und drückst eben ein bisschen mehr auf die Tube, bevor man dir den Schönheitsschlaf raubt. Nein, ich habe kein Problem mit vorgetäuschten Orgasmen. Frauen mögen vielleicht ab und zu mal einen Orgasmus vorspielen, aber Männer simulieren ganze Beziehungen!

Liebe Desi!

Vor kurzem habe ich in einer Disco einen süßen Typen kennen gelernt, einen Gladiator! 110 kg austrainiert, kein Professor, aber ein Türsteher und Bodyguard, ein richtiger Kerl, gut bestückt und mit Waschbrettbauch.
Wir hatten dreimal den besten Sex meines Lebens. Leider tun wir kaum was anderes. Ich weiß nicht, ob ich ihn jemals mit nach Hause bringen kann. Er kennt fünf Witze, und bei jedem Treffen erzählt er sie mir immer wieder. Danach ist er der Einzige, der laut darüber lacht. Bisher habe ich so getan, als würde ich sie zum ersten Mal hören, aber langsam wird's mir peinlich. Wenn wir keinen Sex haben, poliert er seine Fingernägel und guckt sich im Spiegel an. Die Witze, die ich zu erzählen habe, versteht er nicht.
Was mache ich mit ihm? Verdammt, er ist genau mein Typ! Und ich will nicht wieder alleine sein.

Petra P., 36,
Castrop-Rauxel

Liebe Petra!

Na, da hast du dir ja ein richtiges Anabolika-Schwein an Land gezogen. Er scheint ja von überwältigend offensichtlichen Proportionen zu sein!
Ein unterschiedlicher Humor kann wirklich eine Belastung für eine Partnerschaft sein.
Nichts kann eine Romanze so sehr verpatzen, wie ein ausgeprägter Sinn für Humor bei der Frau, und

das vergebliche Ringen um schlechte Witze bei einem Mann. Ich frage mich, wie du überhaupt den Kerl in dein Bett geschleift hast. Wahrscheinlich seid ihr gar nicht zum Reden gekommen. Dabei würde ich es auch an deiner Stelle belassen. Du hast doch alles, was du willst! Lachen kannst du auch mit deinen Freundinnen, aber wer sonst vögelt dich bis zur Bewusstlosigkeit?
Es gibt keinen Grund, warum man über einen guten (!) Witz nicht mehr als einmal lachen sollte. Überleg doch mal, wie wenig gute Musik es gäbe, wenn ein Dirigent sich weigern würde, Beethovens neunte Symphonie zu spielen mit der Begründung, das Publikum kenne sie schon. Da müsste ja jeder Komponist seine Werke nach der Uraufführung vernichten.
Aber nun zu den schlechten Witzen: Ich würde jedes Gespräch mit diesem Dummfick im Keim ersticken. Sag ihm einfach, Witze sollte man so sparsam servieren wie kostbaren Kaviar, und Sperma muss so großzügig verteilt werden wie hausgemachte Marmelade. Das wird er kaufen. Und dann soll er tun, was er am besten kann! In den Erholungsphasen leg ihm einfach ein Pornoheft hin. Das kann er sich wie ein Bilderbuch Seite für Seite ansehen, damit er möglichst schnell wieder seine Aufgabe verrichten kann und bis dahin die Klappe hält. Oder setz dir Kopfhörer auf, dann kann er dich nicht ansprechen.
Frauen haben nun mal mehr Phantasie als Männer. Die brauchen sie auch, um den Kerlen zu erzählen, wie unverzichtbar sie sind!

Liebe Desi!

Irgendwie habe ich vergessen, wie man Männer verführt. Wie kann ich erreichen, dass mir Sex mehr Spaß macht? Kannst du mir Tipps geben? Neulich musste ich sogar zur Scheidensalbe greifen, weil ich so staubtrocken war.

Angela M., 52,
Schwedt

Liebe Angela!

Der Schlüssel dafür, wieder Spaß am Sex zu bekommen, ist, dass du dich in deiner Haut wohl fühlst. Wer sich dauernd sorgt, dass die Brust hängt, das Bindegewebe schlabbert und die Hüften seitlich aus dem Slip quellen, wird kaum entspannt sein können, wenn es darum geht, die Lust am eigenen Körper zu erfahren. Und nur darüber nachzudenken, wie man aussieht, hat noch keine Figur verändert! Vergiss einfach die Cellulite und konzentriere dich darauf, was dein Körper empfindet, und was dein Partner mit dir macht. Wenn er dich nicht irgendwie begehren würde, wärt ihr ja wohl kaum handelseinig geworden, was eure Nummer im Bett angeht.
Du musst einfach mal deinen Kopf abschalten. Ein Mann, mit dem du so weit gekommen bist, ignoriert dein Bindegewebe und ist in leidenschaftlicher Stimmung. Wenn Männer erst mal Druck haben, stört die recht wenig. Ich würde am Tage des großen Ereignisses schon im Voraus das Feuer schüren. Ruf ihn auf der Arbeit an und sage ihm, du hättest unter der Dusche an ihn gedacht und könntest es nicht

erwarten, ihn zu sehen, zu riechen und anzufassen. Übe allein vorm Spiegel, wie man sich sexy entkleidet. Pell dir dein Kostüm langsam herunter wie die Schale einer Kartoffel, statt es pragmatisch abzulegen, so als wolltest du in die Badewanne steigen. Wenn er dann im Auto sitzt und zu dir fährt, dann mache ihn per SMS ein bisschen nervös. Schreib ihm: »Hilfe! Ich bin so geil!« Phantasieren ist natürlich, normal und der beste Weg für dich, auf Touren zu kommen. Sex beginnt im Kopf. Nimm einen Drink und überlege doch mal, wie es wäre, wenn du ans Bett gefesselt wirst. Viele Mädchen lieben das. Es ist sehr sexy, Phantasien zu teilen, und wenn du ihm seine erfüllt hast, wird er bestimmt auch das tun, was du so dringend brauchst.
Nur Mut – dein Nachbar tut's auch. Deutschland drückt dir die Daumen.

Liebe Desi!

Ich bin erstaunt erfahren zu müssen, wie viele Leute ihre privaten Pornos ins Netz stellen. Man kriegt ja fast den Eindruck, das gehört sich so. Es ist direkt Mode geworden, sich beim Sex mit der Kamera zu beobachten. Soll ich das mitmachen? Man muss doch Angst haben, dass mit solchen Bildern Unfug getrieben wird und sie unkontrolliert herumschwirren. Ich muss sagen, ich finde den Gedanken recht reizvoll, habe aber Skrupel, dass sie in falsche Hände geraten. Wie verhalte ich mich?

Jasmin Sch., 34,
Hagen-Haspe

Liebe Jasmin!

Ich finde es auch erstaunlich, wie sehr die virtuelle Welt unser Sexualleben verändert hat. Millionen von Menschen hacken unter falschem Namen die ganze Nacht Hotmails in ihren Computer, und wenn man sich auf eine romantische Session vorm PC eingelassen hat, läuft man Gefahr, drei Tage später einen Döner Kebab frei Haus geliefert zu bekommen. Ich habe das Gefühl, manche Männer haben heutzutage ihr Geschlechtsteil an den Laptop angeschlossen!
Mir scheint, du liebäugelst mit der Verlockung, mal ein bisschen auf Pornostar zu machen und bist eigentlich schon der Verführung erlegen. Sonst hättest du den Vorschlag ja gleich abgeschmettert. Wie kannst du dich dagegen schützen, als Flittchen im Netz verbraten zu werden? Sehr einfach, mein Schatz, Desi weiß Rat!
Kauf dir die Digitalkamera oder den Fotoapparat selbst. Dem Besitzer der Ausrüstung gehören nämlich auch die Rechte am Bild. Was mit dem Material geschieht, liegt also in deiner Hand. Halten kann das Ding, wer will, es sind deine Fotos und nur du bestimmst, was damit gemacht wird. Und sollte dein Lover dich tatsächlich reinlegen und die Bilder ins Netz stellen, tut er etwas Verbotenes und dann kommt es ganz dicke für ihn. Du erstattest einfach Strafanzeige wegen Verbreitung pornographischer Schriften! Wär doch auch mal schick, oder?
Solltest du jedoch in irgendeiner Form in den Medien tätig sein und auch nur die geringste Aussicht auf VIP- oder Promistatus haben, dann bring das Opfer und verzichte auf den Spaß. Die Sexvideos von Hilary Clinton würden inzwischen so viel Wert sein, dass ein abgelegter Liebhaber gut und gerne ein paar

Jahre für die Kohle ins Gefängnis gehen würde. Für mich ist dieser Spaß leider gestorben, denn dafür bin ich schon zu bekannt. Das sind eben die Opfer, die man als Promi bringt: Swingerklubs, hausgemachte Pornos – alles passé! Man kann es sich nicht mehr leisten, erpressbar zu sein. Drum nutze, wenn dir danach ist, die wunderbare Gelegenheit, deine Neigungen ganz legal auskosten zu können! Noch bist du nicht Paris Hilton, deren bevorzugte Praktiken sich weltweit vermarkten lassen.
Wenn es das Hobby deines Freundes ist, seine Gespielinnen zu archivieren, wird er ja schon Erfahrung mitbringen. Dir ist hoffentlich klar, dass du dich anatomisch ein bisschen verbiegen musst, damit es nach was aussieht! Wenn man diese Filme sieht, erkennt man nämlich, dass Pornostar ein Job wie jeder andere ist. Es gehört verdammt viel Übung dazu, beim Oralverkehr immer im Auge zu behalten, dass einem nicht die Haarmähne vors Gesicht hängt. An deiner Stelle würde ich mir vorher einen Haarknoten machen, dann klappt's wenigstens mit der Perspektive!

8. Kapitel
Miteinander leben

Der Krieg der Geschlechter ist wie ein Nuklearangriff: Es gibt keinen Sieger mehr! Von daher bleibt uns nichts anderes übrig, als Waffenstillstand zu üben und uns diplomatisch zu arrangieren. Mit wem sollen wir denn sonst reden? Etwa mit dem Pudel oder unserem Papagei?

Seit 40 Jahren verbringen Frauen nun ihre Freizeit damit, sich über Männer den Kopf zu zerbrechen. Die Typen waren schon immer anders als wir. Müssen sie auch sein, sonst könnte man sich ja nicht ergänzen. Schrecklich, wenn ein Mann sich genauso gut schminken kann wie ich oder bessere Fingernägel hat. Er soll eine Klobrille reparieren, den Champagner öffnen, meinen Gartenzaun abflammen und das Dach decken können. Er soll wissen, welcher Gebrauchtwagen was taugt und welcher nicht. Er soll über den neuesten Stand der Bundesliga mitreden können und Schwarzgeld vergraben können, ohne dass es einer merkt. Er soll für mich zum TÜV fahren. Er soll mir die Skier schleppen. Er soll mich trösten, wenn ich es brauche, und egal welchen Mist ich auch baue, immer, immer zu mir halten. Er soll mir niemals Vorwürfe machen und mich beruhigen, beruhigen, beruhigen. Er soll mir Jobs und Geld beschaffen. Ja, wenn's sein muss, soll er mich auf den Arm nehmen und mir Fläschchen geben.

Dafür fülle ich ihm auch gerne den Kühlschrank und packe seine Koffer.

So wie wir Frauen es nie schaffen werden, unseren Kerl auf die Art und Weise zurechtzustutzen, wie wir ihn haben wollen, so werden die Jungs nie begreifen, wie wir ticken. Da hat der liebe Gott doch wirklich Gerechtigkeit walten lassen. Stellt euch vor, wie euer Leben aussehen würde, wenn die Kerle uns zu 100 Prozent durchschauen würden! Dem Partner ein Rätsel zu bleiben ist ein gewisser Selbstschutz. Deshalb taugen auch all diese Rezepte, wie man das Herz eines Mannes gewinnt, nichts. In dem Moment, wo man das tut, verliert man nämlich sein eigenes.

Ich liefere deshalb weder ein Programm in 12 Schritten, wie man einen Mann vor den Altar zerrt, noch eine Anleitung, wie man Männern den Penis abschneidet. Nein, ich plädiere dafür, die geschlechtsspezifischen Unterschiede zwischen Mann und Frau sogar zu betonen, um sich optimal zu ergänzen. Im Ernst, ich halte es für heilsamer, Männer als geile, verspielte, unordentliche, bedürftige, lüsterne Wesen zu akzeptieren. Sollen die Kerle in mir doch ruhig einen leidenschaftlichen, weichen, hilflosen, emotionalen, komplizierten Menschen sehen! Das ist mir lieber, als wie eine flache, plumpe, willenlose, maulfaule Tussi herumgeschubst zu werden.

Typen, die meine Bedürfnisse und Unzulänglichkeiten stillen können, schaue ich mir gern genauer an. Nur weil Männer anders sind und Frauen auch, müssen wir uns ja nicht aufgerufen fühlen, uns zu ändern. Das hieße ja den Kampf gegen Naturgewalten anzutreten.

Barmherzig wie ich bin, glaube ich, dass beide Parteien sich öffnen sollten, um voneinander zu lernen. Es gibt nämlich eine ganze Menge, was wir von Männern lernen können. Ich vertrete wahrlich nicht die These, dass wir versuchen sollen, so zu werden wie Männer. Vielmehr könnten wir uns eine Scheibe von den Dingen abschneiden, mit denen sich Typen gar nicht erst aufhalten. Das sind hauptsächlich zeitraubende, komplizierte, überflüssige, sinnlose Rituale, mit denen wir Frauen unseren Alltag füllen. Wenn wir uns von der inneren Haltung her ein bisschen metrosexueller geben, in der Abteilung geschlechtsspezifischer Eigenarten elastischer werden, würde das uns Primadonnen gut tun. Männer haben nämlich verdammt gesunde Eigenschaften – wir sollten einfach mal genauer hinschauen, was die Typen alles so unterlassen!

- Männer entschuldigen sich nicht

Wann immer ich auf Reisen bin, beobachte ich beladene Frauen, die völlig mit Gepäck überlastet durch die Menge asten, und wenn ihnen jemand in die Hacken tritt sagen: »Entschuldigung!« Diese Profi-Packesel auf Tournee versuchen, selbst wenn sie völlig überfordert mit sperrigem Gepäck zu kämpfen haben, noch, es allen Recht zu machen.

Dasselbe im Supermarkt. Hausfrauen mit drei Kleinkindern sagen zum Rechtsreferendar, der sich ein klein wenig strecken muss, um an seine Tiefkühlpizza zu kommen: »Tut mit Leid! Moment, ich werde den Kinderwagen, meine drei Babys und die Einkaufstüten beiseite nehmen, sodass Sie hier besser mit ihrem Golf-Caddy vorbeikommen.« Sie entschuldigen sich dafür, dass sie anwesend sind, dafür, dass sie existieren.

Wir entschuldigen uns bei jedem Arschloch, weil wir von Natur aus annehmen, einen Fehler gemacht zu haben. Stolpern wir über die Türschwelle, sagen wir »Pardon!« und entschuldigen uns auch noch bei einem Stück Holz.

Selber schuld!

Männer würden das nie tun. Wenn ein Typ am Checkin Schalter steht und über eine Reisetasche stolpert, die im Weg steht, was sagt er? Er flucht: »Verdammt, welcher Idiot hat das denn in den Weg gestellt!« Er würde es sogar dann sagen, wenn er es selber war!

- Männer schleppen sich nicht ab

Haben Sie schon mal einen Mann gesehen, der den ganzen Tag sein Lunch-Paket aus Rohkost mit Nüssen in einem Tuppercontainer, der in eine Plastiktüte verpackt ist, welche in der Seitentasche einer Umhängetasche steckt, in der Fitnessklamotten, 2 Liter Mineralwasser, ein Kulturbeutel mit Shampoo, Büste, Q-Tips, sechs Tampons, Bodylotion, Schminktäschchen, Lockenschere und ein Müsliriegel verstaut sind, umherschleppt, um die Hände frei zu haben für zig Einkaufstüten, die man gegen die über die andere Schulter gehängte Handtasche mit Filofax, Handy, Rezepten, Medikamenten, Schlüsselbund, Einkaufslisten, die aktuelle Buchlektüre, Geldbörse, Kontoauszüge, Sonnenbrille, die »Bunte«, Steuerunterlagen und einen Kamm ausbalancieren muss?

Wie kann man sich frei fühlen, wenn Hände und Schultern gefesselt sind? Männer halten es intuitiv für selbstverständlich, physisch unbelastet durchs Leben zu gehen.

Sich abzuschleppen ist keineswegs ein Ausdruck weiblicher Emanzipation. Wer früher an den Herd gefesselt war, fesselt sich jetzt selbst, indem er sich zum Packesel degradiert. Was also können wir davon lernen? Männer schleppen ab, aber niemals sich selbst!

Und noch etwas, wo wir grade dabei sind: Männer kaufen auch keine Täschchen, um sie in andere Täschchen zu stecken …

Steckt einfach Schlüssel, Handy, und Kleingeld in eure Jackentasche und lasst den Rest zu Hause! Versucht es einfach mal. Ein Lippenstift und die Kreditkarte haben in der Jeans noch Platz, aber dann ist auch wirklich Schluss!

- Männer kaufen keine Schuhe, in denen sie nicht laufen können

Sie wollen als Frau auf eigenen Füßen stehen? Dann sollten Sie auf Ihren eigenen Füßen gut stehen können! Wir Mädels werden es niemals an die Spitze schaffen, wenn wir dafür nicht ausgerüstet sind. Das Leben ist ein Dschungel, da rate ich zu adäquater Kleidung!

Männer kaufen Schuhe, die so bequem sind, dass sie vergessen, überhaupt welche zu tragen. Wir Frauen verlieben uns in goldene Schläppchen aus drei scheuernden Riemchen, die ein Vermögen kosten und leider nur noch in Größe 36 zu haben waren, aber da sie offen sind, dem großen Zeh ja reichlich Platz bieten, nach vorne auszuweichen, sodass wir immer noch genug Kontrolle haben, wenn wir mit schiefgetretenen Absätzen nach dem Bus rennen, während wir die Aufmerksamkeit auf uns ziehen, da die längst verlorengegangenen Gumminoppen der Stahlabsätze unseren Eilschritt über den Asphalt rhythmisch illustrieren wie das Pferdegetrappel einer ausgebrochenen Stute! Noch Fragen?

- Männer kämpfen keine Schlacht in der Umkleidekabine

Wir Frauen verschwinden nicht in Umkleidekabinen, um uns im neuen Outfit zu bewundern, sondern um als letzte Rettung ernsthaft Schönheitsoperationen in Erwägung zu ziehen. Bei allem Respekt meinen Schwestern gegenüber, aber es gibt eben Bereiche, da sind Frauen einfach nicht mehr zu retten – und ich nehme mich selbst keinesfalls aus.

Oder glauben Sie, Männer tragen Tangas, die ihnen die Blutzirkulation abschneiden?

Wenn Modemagazine den Trend in die Welt posaunen, dicke Titten seien out, sind es die Weiber, die sich die Implantate entfernen lassen. GQ könnte ein ganzes Sonderheft mit der Schlagzeile »Kleinschwanzträger sind wieder in« veröffentlichen – die Kerle würden am Heft zweifeln, aber niemals an sich selbst. Keiner würde auch nur eine Sekunde lang auf die Idee kommen, seine überwältigenden Proportionen in Zweifel zu ziehen und sich dafür zu hassen.

Genauso wenig käme kein Mann auf den Gedanken, seine Klamotten eine Nummer kleiner zu kaufen in der Absicht, sich hineinzuhungern! Männer gehen auf natürliche Weise davon aus, dass Anziehsachen so gemacht sein müssen, dass sie dem Körper passen, und glauben nicht wie wir Frauen, dass *wir* es sind, die in die Klamotten passen müssen. Klamotten sind für uns da, nicht umgekehrt! Frauen hadern mit sich selbst, hassen ihren Körper und lassen sich Fett absaugen. Was machen die Jungs? Typen lassen nicht ihr Fleisch ändern, sondern den Abnäher vom Jackett.

- Männer lesen keine Horoskope, um sich darauf einzustellen, was ihnen der Tag so bringt

Wenn alle Varianten durchgespielt sind, um die Schuld am Scheitern der Liebesbeziehung irdischen Umständen zuzuweisen, dann bleiben uns Frauen immer noch die Sterne! Männer kaufen keine Halbedelsteine, Aromatherapiekerzen und Tarotkarten, um sich zu inspirieren. Wie die Esoterik Anfängerausstattung aus Bacalitleuchte, Räucherstäbchen und Glaskugeln Aktienkurse beeinflussen soll, bleibt ihnen unklar. »Wunschkissen«, Zimmerspringbrunnen, Erfolgsöle, Mondphasen, Bachblütentherapie rituell im Geschäftsleben einzusetzen, all das kann man wirklich nur mit Weibern machen. Metaphysische Phänomene des Universums, die nicht gesehen oder bewiesen werden können, mögen uns umgeben, aber gerade das Paranormale im Bestellkatalog als Glücksbringer vermarkten? Das ist so widersprüchlich, dass Männer instinktiv die Flucht ergreifen.

Und sie haben Recht! Wirkliche Hexen beziehen ihre Kräfte nicht durch einen Versandservice. Wir werden auch nicht Meisterin unseres Schicksals, indem wir unser schwer verdientes Geld zu einer Wahrsagerin tragen, die sich als gute Fee über eine Glaskugel beugt und darauf hinarbeitet, dass wir wiederkommen. Erfolg kann nicht erzwungen werden, indem man unsichtbare Kräfte ins Diesseits manipuliert, sondern nur durch unsere eigene, verdammt harte Arbeit.

O.k., es gibt immer wieder Berichte über amerikanische Präsidenten, die sich astrologisch beraten lassen. Aber konnte das den 11. September verhindern? Wenn die Astrologen es so gut wissen, warum haben sie dann die gigantischen Katastrophen zwischen Prinzessin Dianas Autounfall und dem Tsunami nie voraussagen können? Warum kam die größte Naturkatastrophe aller Zeiten überraschend? Ihre Prophezeiungen sind viel zu vage, um wirklich vor etwas zu schützen.

Wenn mir eine Armee und ein ganzes Imperium zur Verfügung stünden, würde ich mir als letzten Gag vielleicht auch die Beratung durch eine Zauberin gönnen – als Entertainment! Was sind das für Menschenführer, die ihre Entscheidungen, die auf der Erde funktionieren sollen, von Konstellationen abhängig machen, die Milliarden von Lichtjahren entfernt sind? Albert Einstein wäre nie auf so einen Gedanken gekommen.

Mich interessiert lediglich der Nachweis, woraus der Ring des Saturn besteht: Ich habe nämlich die Vermutung, dass es sich um unser im Laufe der Jahre verloren gegangenes Lufthansa-Gepäck handelt, was da um ihn kreist!

- Männer machen ihre Figur nicht zum Lebensinhalt

Wenn Männer Appetit auf einen Schokoriegel haben, dann essen sie einen und ersetzen ihn nicht stattdessen durch 14 Reiskekse – plus 1 Pfund Karottensticks, die Reste von den übrig gebliebenen Hühnerknochen, eine Schüssel Müsli und eine Riesenschale Magerquark mit Assugrin und Zitronensaft –, um später dann den Schokoriegel trotzdem nachzulegen und sich dafür zu hassen.

Männer gehen direkt auf ihre Bedürfnisse ein und nehmen sich, was sie brauchen. Wenn sie Hunger haben, wird gegessen. Wenn sie einen Hamburger haben wollen, gehen sie zu McDonald's. Steht ihnen der Sinn nach Süßem, sagen sie nicht, wie Frauen es tun: »Na, hat hier vielleicht noch jemand Lust auf ein Stück Kuchen? Wie wär's mit Kaffeetrinken gehen?«, um sich dann, wenn ihr Vorschlag keinen Anklang findet, beleidigt zurückzuziehen.

Egal, ob die Sekretärin einen Brief schreiben oder der Kellner das Essen zurücknehmen soll oder sie aus Langeweile eine Theatervorstellung verlassen, Männer drücken ihre Wünsche und Interessen klar und deutlich aus. Frauen reden aus Angst, sich unbeliebt zu machen, gerne um den heißen Brei herum, in der Hoffnung, dass »die anderen« irgendwie schon mitkriegen werden, was ihnen fehlt. Und dann wundern wir uns noch, dass Männer viel öfter bekommen, was sie haben wollen?

Wenn man Männer fragt, wie viel sie abnehmen wollen, dann sagen sie: »Mal sehen, ein paar Pfund vielleicht? Genug, um wieder in meine alten Jeans zu passen.« Basta! Sie streichen über ihren Bauch und sagen: »Ich werde ein paar Bierchen weniger trinken müssen und abends um den Block joggen.« Was tun wir? Kaufen Diätwaagen, gehen zum Gruppenwiegen und nehmen anonym an Seminaren teil, die sich mit ayurvedischen Essstrategien im Urlaub befassen. Wir erheben die Diät zum Drama. Für die meisten Frauen ist es eine Tragödie abnehmen zu müssen, für Männer ist es Nebensache. Schlank wird man von selbst, man isst halt weniger, kann in dieser Zeit was Sinnvolleres tun!

Und was will uns das, Mädels, sagen? Im Namen unseres gesamten Wohlbefindens wäre es doch ratsam, positive Eigenarten von Männern aufzugreifen und als Orientierungshilfe im Kampf gegen unsere persönlichen Charakterschwächen in Erwägung zu ziehen.

Klar, es sind nur Kleinigkeiten. Aber unser Alltag wird nun mal durch Tausende von Kleinigkeiten geprägt, die sich als bleibende Gewohnheiten durch unser ganzes Leben ziehen. Wie wohl wir uns in unserer Haut fühlen, hängt schließlich von Nuancen ab. Es sind immer die Details, die dem Leben Qualität verleihen.

Und während wir von Männern in vielerlei Hinsicht tatsächlich profitieren können, sollten sich die Typen ebenso eine Scheibe bei uns abschneiden. Und was könnten Männer beispielsweise von uns Frauen lernen? Nun, ich würde sagen so ziemlich alles zwischen Himmel und Erde, was nicht auf dieser Liste steht!

Liebe Desi!

Ich habe vor kurzem meine Traumfrau kennen gelernt, tolle Figur, schöner Busen, lange Haare, mädchenhaftes Gesicht, Piercings in Zunge, Nabel und sogar den Schamlippen, eine echt scharfe Braut im lässigen Pop-Star-Look: Typ Paris Hilton. Die Verehrer stehen Schlange, doch bei uns hat es gefunkt. Leider musste ich feststellen, dass sie frigide ist. Mit ihr zu schlafen ist wie Liebe machen mit einem toten Fisch. Ich habe so etwas noch nie erlebt und weiß damit nicht umzugehen. Es ist mir noch nie passiert, dass ich einer Frau den Laufpass gebe, weil es im Bett nicht klappt. Doch wenn es an Leidenschaft mangelt, fällt es mir schwer, die Beziehung aufrecht zu erhalten. Manchmal denke ich, sie hat sogar Schmerzen beim Sex oder würde am liebsten ganz darauf verzichten. Wie sage ich es ihr? Und gibt es tatsächlich Frauen, die sich aus Sex nichts machen? Schwer vorstellbar für mich.

Enrico, 43,
Mühlheim an der Ruhr

Lieber Enrico!

Ich glaube, dass diese Frau Probleme hat, die nur durch eine intensive Auseinandersetzung mit ihr gemildert werden können.
Wenn man beim anderen Geschlecht Erfolg haben möchte, muss man Liebe, Respekt und Einfühlungsvermögen investieren. Gut, das mag nur eine Theorie sein, aber wenn du auf die Schnelle ein Abenteuer suchst, wirst du mit dieser Frau nicht weit kommen. Du solltest dich, um speziell auf sie einzugehen, weiblichen Themen widmen, um ihr damit näher zu kommen als die anderen oberflächlichen Begleiter, die sie nur vernaschen wollen, ohne sich wirklich für

sie zu interessieren. Wahrscheinlich wurde sie immer nur als Trophäe betrachtet.
Wie erobert man nun das Herz einer Frau?
Alles nur Tricks und Kniffe. Frauen sind ja dumm genug, um darauf hereinzufallen.
Zum Beispiel der »Haartrick«: Jedes Mal wenn du eine Frau wiedersiehst, frage sie, ob sie gerade beim Friseur war oder ein neues Augen-Make-up hat. In neun von zehn Fällen wird das nicht zutreffen, aber der eine Fall, bei dem du ins Schwarze triffst, wird dir 100 Punkte bei der Dame einbringen. Sie wird deiner Beobachtungsgabe total erliegen und erstaunt sein, wie du den Unterschied zwischen Lancôme- und Lancaster-Lidschatten ausmachen kannst. Natürlich lässt sich das nicht auf Fettabsaugung oder Brustvergrößerung übertragen, da wird sie dich für einen Trottel halten.
Ein weiterer Trick wäre, sich auf die Ebene der kosmetischen Mühsal einzulassen.
Sag ihr: »Ich weiß nicht, wie du als Frau es schaffst, so toll auszusehen, also mir als Mann reicht schon der Aufwand, den man mit der täglichen Rasur hat.« Das Herz dieser Frau wird dir zufliegen, denn sie fühlt sich aufgefangen, verstanden und in tiefster Seele erkannt, wenn ein Mann Respekt vor der Disziplin hat, welche ihre Attraktivität erfordert.
Ein weiterer Tipp: Ein Mann erntet tiefste Liebe, wenn er den Satz »Zeig mir mal dein Passfoto« meidet. Der Pass einer Frau ist absolute Tabuzone, weil er unter Umständen ihre gesamte Biographie über Bord werfen könnte. Vielleicht war sie ein hässliches Entlein, vielleicht hatte sie eine Nasenkorrektur oder Kinnimplantate, vielleicht hat sie einen Künstlernamen oder beim Alter geschummelt. Vielleicht ist sie bis vor wenigen Jahren mit einer blondierten Pu-

deldauerwelle rumgerannt. Oder sie ist sogar geliftet. Merke: Der Schambereich einer Frau beginnt beim Pass. Es artet jedes Mal in Peinlichkeit aus, wenn eine Dame von Welt dieses Dokument zeigen soll. Ich finde, es ist das Primitivste überhaupt, wenn ein Mann meinen Pass sehen will. 1000 Minuspunkte.

Liebe Desi!

Mir graut schon vor den Feiertagen! Letztes Jahr hätte die Zeit zwischen den Jahren beinahe die Trennung von meinem Freund zur Folge gehabt. Der Mann ist Unternehmensberater, wohlhabend, aber geizig! Ich bekam zum 40. Geburtstag von ihm tatsächlich nicht mehr als eine Tafel Schokolade. Klar, dass ich angezickt war. Letztes Weihnachten wünschte ich mir eine Sporttasche. Da hat er ein Werbegeschenk seines Autohauses, eine Nylonmehrzwecktasche, an mich weitergereicht. Obwohl wir uns lieben, zweifle ich, ob man so was hinnehmen soll!

Jutta N., 42,
Unna

Liebe Jutta!

Wenn dein Tarzan kein Interesse hat, dir zu entlocken, womit er dir eine Freude machen könnte, würde ich es ihm auf die Nase binden. Da er deinen ersten Versuch (»Sporttasche«) in liebloser Weise genutzt hat, um noch weniger auszugeben, als für

eine Tafel Schokolade, bleibt dir als Ausweg nur die härtere Gangart. Man muss sich die Kerle ab einem gewissen Punkt zurechtstutzen.
Teste doch mal, wie er reagiert, wenn du noch geiziger bist als er! Dreh mal alle Sicherungen raus, weil Haushaltskerzen günstiger sind! Oder stelle die Heizung ab, denn wozu gibt's Strickjacken? Aber willst du tatsächlich mit einem Mann vor Anker gehen, der beim Heimkommen das Licht ausschaltet und sagt: »Was soll die Festbeleuchtung, wir sind keine Millionäre?«
Wenn dein Partner nach reiflicher Überlegung versuchen würde, dir eine Freude zu machen und geschmacklos daneben greift, lässt sich das reparieren. Dann stimmt seine Gesinnung, und du musst ihm gegenüber nur betonen, dass er viele andere Qualitäten hat, die du schätzt, aber dass er in Geschmacksfragen lieber dir die Marschrichtung überlassen soll. Haben beide das Herz am rechten Fleck, wäre es kein Thema, gemeinsam ein Geschenk umzutauschen. Wenn die Liebe den Prüfstein des Alltags überstehen soll, darf sie nicht daran scheitern, dass du den Gucci-Schlüsselanhänger in einen Gürtel umtauschst. Das wird ein Kerl, der was taugt, ja wohl verkraften können!
Aber was dieses Exemplar dir da bietet, schreit ja geradezu nach Denkzettel! Es geht nicht darum, dass du darauf aus bist, einem Mann das letzte Hemd zu nehmen, nein, es geht tragischerweise lediglich darum, dass du versuchst, dir ein Minimum an Respekt zu erstreiten und nur Missachtung erntest.
Hier Plan A: Ich würde ihn in ein teures Restaurant bestellen, noch ein paar eingeweihte Freundinnen dazubitten, hemmungslos schlemmen und mit Freude ausposaunen, wie stolz du darauf bist, so einen spendablen Mann an deiner Seite zu haben. Gratulie-

re ihm zu seiner Entwicklung und lobe seine Großzügigkeit. Verkünde lauthals: »Weißt du eigentlich, dass sich die Großzügigkeit von Männern diametral zur Leistungsfähigkeit als Liebhaber verhält? Geizige Männer haben den Ruf, sehr schlecht im Bett zu sein! Aber bei dir ist das ja Gott sei Dank anders!« Dann ziehst du ein hübsch verpacktes Präsent hervor, entnimmst mit gespielter Naivität das Abendhandtäschchen deiner Wahl, jubelst: »Das hab ich vorhin von meinem Schatz bekommen«, und gibst ihm öffentlich einen dicken Kuss. Wenn diese Aktion einen Eklat oder Vorwürfe zur Folge hat, dann lebe Plan B : Weine nie um einen Mann, sondern rufe lauthals: »Der Nächste, bitte!«

Liebe Desi!

Ich hatte Sex mit einem Mann und alles war schön. Wir haben uns dreimal getroffen. Seit dem letzten Mal ruft er mich nun gar nicht mehr an. Soll ich mich melden? Höre ich jemals wieder von ihm? War ich nur ein flüchtiges Abenteuer? Ruft man privat oder im Büro an? Und können Frauen überhaupt bei Männern anrufen? Jedes Mal, wenn das Telefon klingelt, bete ich zu Gott: »Bitte, mach, dass er es ist«, aber bis jetzt war immer nur meine Mutter, ein Handwerker oder die Hausverwaltung dran. Gibt es überhaupt eine Regel, nach der man sich verhalten sollte? Ich habe einfach nur noch Angst, was falsch zu machen.

Ilonka F., 39,
Rothenburg ob der Tauber

Liebe Ilonka!

Ja, Frauen dürfen anrufen! Sei doch einfach souverän und überlass ihm nicht die ganze Arbeit. Wenn du ihn magst, dann ruf an zum Teufel! Er sollte froh sein, dass eine nette Frau seinen zermürbenden Alltagstrott unterbricht. Als Typ wird er sich schon zu helfen wissen, wenn er dich nicht leiden kann. Und wenn er dich leiden kann, dann kommt der Tag, wo auch er mal zum Hörer greifen wird.
Raffiniert ist natürlich, sich beim Date zum Essen einladen zu lassen. Dass der Mann die Rechnung übernimmt, ist schon deshalb Ehrensache, damit die Frau einen diplomatischen Aufhänger hat, sich bei ihm wieder zu melden. Auf dieser Basis kann man nämlich gleich am nächsten Tag anrufen und sagen, wie nett es doch war, dass er einen eingeladen hat und wie wohltuend es doch ist, wenn ein Mann die Rechnung übernimmt (und zwar großzügig für das Essen und die Drinks und das Taxi und das Theater) und dass er das morgen oder jederzeit gerne wieder tun kann. Es stört dich absolut nicht!
Wenn er nicht den Humor hat, damit umzugehen, dann solltest du ihn schnell loswerden. Wie? Verpass ihm einen Denkzettel! Verwandele dich seelenruhig in eine kleine Nervensäge und hinterlasse mehrmals täglich auf seinem Anrufbeantworter Nachrichten, in denen du dich ausschließlich darüber beklagst, dass er dich immer noch nicht zurückgerufen hat! Selbst wenn jemand wirklich scharf auf dich ist, wird es dir auf diese Weise gelingen, ihn in die Flucht zu schlagen, weil dieses Verhalten absolut uncool und abturnend ist. Eigentlich kann man sich

das heutzutage nur erlauben, wenn man jemanden provozieren will. Oder verarschen. Wenn dir an ihm gelegen ist, und der Idiot das nicht zu schätzen weiß, dann schreib ihm einen Brief! Antwortet er selbst darauf nicht, danke Gott, dass du ihn los bist, da jede weitere Beschäftigung mit ihm nur verlorene Zeit wäre.

Liebe Desi!

Ich habe mich in eine Frau verliebt und leide darunter, dass ich am Arbeitsplatz ein Doppelleben führen muss.
Als ich Renate traf, ahnte ich nicht, dass ich lesbisch bin. Ich hatte 5 Jahre lang keinen Sex und habe immer darauf gehofft, nochmal den richtigen Mann zu finden. Und dann zog Renate in mein Haus ein: älter, burschikos, aber attraktiv. Ich musste den ganzen Tag an sie denken, ich wollte mich wie sie kleiden, wie sie bewegen, wie sie sprechen und, wenn ich die Mülltüten in die Tonne leere, mit der Zunge über meine Oberlippe fahren. Wie sie.
Wir redeten immer nur im Treppenhaus. Ich wurde dabei jedes Mal rot dabei. Dann lud sie mich eines Tages spontan in ihre Wohnung zu einer Cocktail-Party ein – ich war der einzige Gast! Seitdem lebte ich im Liebesrausch.
Das ist nun drei Jahre her. Renate hat meine Liebe nicht ernst genommen und mein Herz gebrochen. Sie wollte nur Sex und hat mich weggeschmissen. Immerhin weiß ich jetzt, wer ich bin. Da ich, bis ich Renate traf, als praktizierende Hetero lebte, kenne ich mich in der Szene nicht aus und weiß nicht, wie

ich mein Leben auch offiziell als Lesbe führen soll. Ich bin am Arbeitsplatz gut integriert, habe aber Lügen über meine Abenteuer mit Männern verbreitet, nur damit alle Ruhe geben und sich nicht für mein wirkliches Problem interessieren.
Und nun habe ich Angst, dass ich gehänselt werde, wenn ich es dort offiziell mache. Dann müsste ich ja zugeben, dass die letzten Jahre alles gelogen war. Ich dachte immer, ein Doppelleben im großen Stil gibt es nur im Kino, aber nun weiß ich selber nicht mehr, wie ich da rauskommen soll.
Ich hab schon ein Magengeschwür. Bitte hilf mir!

Imke A., 28,
Idberg-Ziselie

Liebe Imke!

Ganz klarer Fall: Du musst dich outen! Wer eine Lüge lebt, lebt negativ. Lügen zu leben, verbraucht unendlich viel Energie und schafft ein schlechtes Karma. Es ist das Ungesündeste, was man sich selbst antun kann! In dem Moment, wo du deinem Umfeld reinen Wein eingeschenkt hast, werden dich Tränen der Erleichterung von deiner Last erlösen.
Wenn dir die Courage fehlt, im Job die Karten auf den Tisch zu legen, dann »vertraue« dich deiner liebsten Kollegin an unter der Auflage, dass sie es allen Leuten weitererzählt. Danach liegt es an dir, normal, offen, locker und souverän mit deinem neuen Lebensstil umzugehen. Du wirst schon damit rechnen müssen, dass du auf alte Geschichten angesprochen wirst, kannst dem aber ausweichen,

indem du über aktuelle Herzensangelegenheiten ein bisschen Futter lieferst.
Den anderen wird dein Leben nur peinlich sein, wenn es dir peinlich ist. Es ist Quatsch zu befürchten, dass sie schlecht über dich urteilen, denn der Fall liegt anders: Die Kollegen müssen befürchten, dass du über sie schlecht urteilst, wenn sie sich dir gegenüber nicht tolerant verhalten, denn es gilt ja im Berufsleben als soziales Stigma, Homosexuelle zu diskriminieren. Wenn man als heterosexuelle Frau mit einer Lesbe arbeitet, will man ja auch nicht diskriminiert werden und hat ebenso viel Angst, für seine Orientierung gehänselt zu werden!
Außerdem solltest du jedem, der sich als schwulenfeindlich zu erkennen gibt, die Gelegenheit geben, sich dank deines Beispiels und Vorbildes eines Besseren zu besinnen. Meistens sind Schwulenhasser ja diejenigen, die überhaupt gar keine Schwulen kennen. Würden diese Leute nämlich die Gelegenheit bekommen, sich mit Homosexuellen zu befassen, würden sie wahrscheinlich ganz anders denken.
Bei deinem Chef wäre ich mir nicht so sicher. Wahrscheinlich wird er mit dir jetzt flirten und in seinem Kopf wird ein unwahrscheinlich geiler Film ablaufen. Ich glaube aber, damit wirst du leben können, denn solche Bürostorys sind auch nur die ersten drei Tage von Interesse.
Hast du überhaupt schon mal darüber nachgedacht, dass es vielleicht eh alle schon wissen? Überlege dir mal, wie es wäre, wenn du die Letzte bist, die von deiner lesbischen Neigung erfahren hat? Hinter deinem Rücken warst du vielleicht eh die Klemmschwester vom Dienst und hast alle bestens damit unterhalten, dir mit deinen Berichten über ein spannendes Sexualleben einen abzubrechen. Dann

wird man dein Coming-out umso mehr respektieren und als allgemeine Erlösung feiern. Ich an deiner Stelle würde eine Party geben ... wer weiß, wer sich da nicht noch alles outet!

9. Kapitel
Was ist dran am Skilehrer?

Wie können sich hippe Schicksen gegen den tagtäglichen Spießrutenlauf aus Beleidigung, Diskriminierung, Nötigung und übler Nachrede verteidigen? Heulen hilft nichts. Schmollen erst recht nicht. Wenn wir uns schon ein Schlachtfeld suchen, dann sollten wir festem Boden unter unseren Füßen den Vorzug geben.

Dank der namenlosen Heldinnen, die uns vorausgegangen sind, haben wir heute für den Fall, dass uns jemand belästigt, nur weil wir Brüste haben, die Möglichkeit, uns legal zu wehren: per Gerichtsbescheid. Aber Prozesse sind zeitraubend. Und dank unseres absurden Rechtssystems zumeist äußerst unergiebig. Ich halte die altmodische Methode, einem Tölpel, von dem man belästigt wird, mit dem Schirm eins überzubraten, für viel effizienter.

Frauen sollten generell in ihren Möglichkeiten der Verteidigung kreativer, radikaler und vor allem raffinierter werden.

Typen behandeln Frauen besonders schlecht, wenn sie der Überzeugung sind, ungeschoren davonzukommen. Sie rechnen nicht ernsthaft damit, dass man sich rächt. Warum also nicht ein wenig von dem Gift, was sie verspritzt haben, zurücksprühen? Warum nicht die Männerwelt mit den Waffen schlagen, die sie produziert haben? Bekloppten mit Beklopptheit begegnen, Verrückten mit Verrücktheit und Fremdgängern mit Fremdgehen? Warum nicht wie Glenn Close arbeiten – natürlich ohne das Kaninchen!

Wenn jemand von mir ernsthaft wissen will, wie man sich gegen Unbill, Verrat und Enttäuschung schützt, dann ist auch hier das Geheimnis simpel: vom Herrgott Gesundheit und Arbeit erflehen, den Rest kann man engagieren!

Hinter den Superstars, welche uns die Medien als Glamourikonen präsentieren, stehen Heerscharen von Helfern, die das öffentliche Bild erst möglich werden lassen: Unser aller Heidi, natürlicher als die Natur je sein könnte, wird von einem professionellen Stab begleitet, der sie so perfekt in Szene setzt, dass jedes nette Mädel von nebenan bei dem Versuch, so »natürlich« zu wirken wie sie, nur wahnsinnig werden kann. Wenn wir alle einen Stab aus Haushälterinnen, Sekretärinnen, Kindermädchen, persönlichen Trainern, Diätassistenten, Friseuren, Visagisten, Stylisten, Bankern und Dienern um uns hätten, wären wir alle Superweiber. Nichts ist leichter als ein Star zu sein! Schwierig wird es, die Ikone zu geben und nebenbei all die eben genannten Funktionen gleichzeitig auszuüben! Das ist ungefähr das, was ich jeden Tag so mache. Und daher weiß ich: Der Schlüssel zum Erfolg liegt im Bezahlen von Leuten!

Engagieren, engagieren, engagieren! Schaffen Sie Arbeitsplätze, um die eigenen Schwachpunkte auszugleichen. Stellen Sie ganz nach »Männerart« die Frage: »Wer kann was für mich erledigen?«

Fangen Sie klein an: mit Nachbarschaftshilfe. Spendieren Sie der rüstigen Rentnerin im Monat 100 Euro, damit sie unter der Woche den Hund ausführt, dem Kind vorliest, Ihnen eine Suppe vor die Tür stellt, die Blumen gießt, Quittungen sortiert, Ihre Liebesbriefe archiviert ... wo auch immer der Schuh drückt.

Lernen Sie, nichtmaterielle Werte als Kapital zu begreifen. Wir kennen heutzutage von allem den Preis, aber wir vergessen den Wert der Dinge. Vertrauen, Zuverlässigkeit, Ehrlichkeit, Pünktlichkeit, Fleiß, Freundschaft sind alles Werte, die uns zur Verfügung stehen, ohne dass wir sie bewusst einsetzen, um unseren informellen Tätigkeiten nachzugehen. Wer interessiert sich heutzutage schon für Tugenden? Welch brachliegendes Kapital! Indem wir darauf zurückgreifen, können wir ein völlig neues Lebensgefühl etablieren.

Halten Sie inne und machen Sie kalkuliert Pause. Heben Sie vom Bausparvertrag oder der Lebensversicherung ein paar Kröten ab, verzichten Sie auf den neuen Wintermantel, die Manolo-Blahnik-Schuhe, den Plasmafernseher, das x-te kleine Schwarze: Werden Sie Mensch! Mieten Sie einen Kerl, der davon lebt, dass er es Ihnen »nett« macht! Sie werden nicht nur reich beschenkt heimkehren, Sie erweitern Ihren Horizont und werden über die kleinkarierten Alltagsbanalitäten nur noch lachen! Bezahlen Sie Männer dafür, dass Sie es sich gut gehen lassen – natürlich ganzheitlich! Leisten Sie sich den Luxus, einem Hausmann beim Putzen zuzusehen. Feilen Sie gelassen Ihre Fingernägel, während der XY-Chromosomen-Putzteufel die Kacheln wienert! Bitte, den ersten Schritt haben Sie gemacht!

Fangen Sie nun als leichteste Übung mit einem Masseur an. Natürlich inklusive Hausbesuch. Aktivieren Sie totgeglaubte Körper- und Gehirnzellen, indem Sie junge, fitte, gestählte, attraktive Kerle dafür honorieren, dass Sie sich unter gutgebauter Anleitung neue körperlich-geistige Sphären erobern. Mieten Sie einen Tauchlehrer, Tanzlehrer, Fitnesstrainer mit der raffinierten Absicht, endlich, endlich mal wieder einen Gesellschafter an Ihrer Seite zu haben, der weisungsgebunden ist! Schon von Rechts wegen wird dieser Dienstleistende nicht im

Traum darauf kommen, lästige Kritik an Ihnen zu üben, Sie zu beleidigen, hinzuhalten, zu enttäuschen. Oder gar Ihren Anruf nicht zu erwidern! Kosten Sie das triumphale Gefühl aus, zuverlässig von einem Mann zurückgerufen zu werden, wenn Sie per SMS nach seiner Kontonummer gefragt haben.

Natürlich setzen wir den Kerl von der Steuer ab!

Glauben Sie mir, wann immer Sie rufen, der Typ wird pünktlich zu Ihrer Verfügung stehen.

Schauen wir uns beispielsweise meinen Favoriten unter den Kerlen an, die nur darauf warten, von uns gebucht zu werden: den Skilehrer! Auf der Alm, da gibt's koa Sünd! Es gibt nichts Schärferes unter Gottes Sonne als einen knackigen Skilehrer, der eine auf zwei Atomic-Leichtmetallschienen festgeschnallte, ihm völlig hilflos ausgelieferte Frau an die Hand nimmt und in die Einsamkeit der Bergwelt entführt. Wohin sonst folgt man schon einem wildfremden Mann ohne jegliches Misstrauen? Wann verbringt man schon täglich vier Stunden mit einem attraktiven Typen allein? Gerade Anfängerinnen sind gefährdet! Denn als Schülerin im Schnee ist die Rollenverteilung so archaisch wie in der Steinzeit: Ich Skilehrer – du Jane!

Ein dominanter, kompetenter Kerl, dem wir quasi »jungfräulich« gegenüberstehen und dessen Job es ist, uns eine neue Leidenschaft zu erschließen. Hier dürfen wir Angst zeigen, nach dem Manne rufen, hinfallen, uns helfen lassen, weinen, ihn bewundern, in seine Fußstapfen treten, ihn nach der ersten gelungenen Abfahrt spontan küssen, und neben ihm ein Sonnenbad im BH nehmen, ohne dass wir uns als »Schlampe« beschimpfen lassen müssen.

Die Stars unter den Skilehrern sind selbstredend blendend aussehende Gentlemen auf der Piste. Sie schultern nicht nur unsere Latten, sondern selbstredend auch uns!

Sie reichen die Hand und knien vor uns! Sie ziehen uns die Schuhe an und aus! Wo hat man denn das? Dass man beim Après-Ski mit ihnen Brüderschaft trinkt, gehört zum guten Ton! Sich anschließend zum Fondue zu verabreden und abschleppen zu lassen, gehört bei Privatschülerinnen fast schon zum Service.

Skilehrer sind Dienstleistende, die wir für das bezahlen, was wir dringend brauchen! Von dem Moment an, da wir als Fortgeschrittene auch ohne sie zu Tal brettern könnten, ändert sich ihre Funktion: Jetzt mieten wir sie als Animateure. Der Skilehrer kennt die besten In-Treffs, Hütten zum Ausspannen, eine Menge Leute und er hat immer eine Katastrophendecke dabei, wenn es uns angesichts der majestätischen Alpen so warm ums Herz wird, dass wir uns einfach flachlegen lassen müssen. Es wird unvergessen bleiben, auf einem eisigen Gletscher unter Gottes freiem Himmel zu erleben, wie die Körpertemperatur steigt, und man bei minus zehn Grad Celsius Schweißausbrüche vor Erregung kriegt!

Ich verteidige alle Skihaserln, denn wir wären keine gesunden, funktionierenden Frauen, wenn wir unserem Skilehrer nicht erliegen würden! Man müsste ja ein Herz aus Stein haben, wenn man auf so was nicht reagiert. Für mich sind Skilehrer das Größte! Sie sind der wahre Grund, warum ich nicht heiraten will: Ich will frei sein, wenn mein Anton, Tobias, René, Enzio, Hansi oder wie sie alle heißen, blaue Augen, ein strahlendes Lächeln und markante Gesichtszüge hat!

Der Skilehrer ist der letzte richtige Kerl, den man buchen kann! Sie sagen, das können Sie sich nicht leisten? Ich sage, Sie können es sich nicht leisten, darauf zu verzichten!

Das ist »koa Sünd«, das ist »gsund«!

Liebe Desi!

Ich habe mich auf Kreta unsterblich in meinen Traummann verliebt. Er ist Koch im Robinson-Club, kommt aus Münster und wir begegneten uns, als ich vorm Hotel mein Miet-Cabriolet vorwärts in eine viel zu kleine Parklücke rangieren wollte. Nach 14 Tagen perfekten Glücks weiß ich nicht mehr, wie ich den Alltag ohne ihn durchstehen soll. Ich habe mir nun freigenommen und Geld für ein Ticket geliehen, um ihn nach zweimonatiger Pause in seinem Urlaubsparadies wiederzutreffen. Doch statt mich zu freuen, bin ich ein Nervenbündel. Ich frage mich: Hat unsere Liebe eine Chance?

Ines F., 37,
Berlin-Treptow

Liebe Ines!

Du bist in Lebensgefahr! Romantische Phantasien können dein Leben ruinieren. Du bist im Moment nicht ganz bei Trost, denn du widmest der gewöhnlichsten aller Affären überproportionale Aufmerksamkeit. Du hattest lange keinen Sex und nun brennen nach der »Intensivbehandlung« bei dir alle Sicherungen durch. Deine Gefühle vermögen zwischen tatsächlich Erlebtem, Träumerei und Phantasie nicht mehr zu unterscheiden.
Wir alle haben das Bedürfnis, geliebt zu werden. Doch vielen von uns wurde das Herz gebrochen. Wir schützen unsere Gefühle und sind voll aufgestauter romantischer Erwartungen, die im Urlaub als

Sehnsüchte aufbrechen. Dort lehnen wir nie einen Drink ab und leben nach der Regel: ein Tequila, zwei Tequila – und ab untern Tisch!
Seit die Ferien nun vorbei sind, vermischt sich in deinem Hirn alles zu Brei: Deine Emotionen investierst du in eine unsichere Zukunft. Gut, dich zu verlieben kann dir niemand verbieten, aber was mir an der Sache missfällt, ist, das du diejenige bist, welche sich krummlegen muss, damit es zu einem Wiedersehen kommt. Vielleicht hat der Typ inzwischen schon die nächste Touristin flachgelegt? Oder er arbeitet mehrere Verehrerinnen nach dem Rotationsprinzip ab?
Eure Liebe war nie dem Test der Realität ausgesetzt, sondern sie entspringt vorfabrizierter, kalkulierter Postkarten-Sonnenuntergangs-Romantik. Nun stell dir vor, der Typ bleibt bei dir und du wirst für ihn zu einer alltäglichen Person. Du kriegst Fressanfälle, bevor deine Periode einsetzt. Du bist ein Morgenmuffel. Du hast Zahnwurzelbehandlungen, Heuschnupfen und trägst beim Schlafen Hornhautpflaster.
Wenn ihr euch jetzt wiederseht, wirst du deine ganze Energie aufbringen müssen, um natürlich zu wirken! Dein Koch wird ja sonst von deinen enormen Erwartungen erdrückt: Du projizierst himmlische Träume aus gesponnener Zuckerwatte auf ihn. Doch Phantasien sind totgeborene Gefühle. Alles, worüber man phantasiert, kommt immer irgendwie anders.
Ich weiß, du findest mehr Gründe, dass dieser Mann für dich der Richtige ist, als das Kama Sutra Positionen hat. Also flieg nochmal hin – aber befreie dich von dem Glauben, der Mann wäre Gottes Geschenk an die Frauenwelt. Denk einfach an die 100 Millionen anderer Frauen, die wahnsinnig gut ohne diesen Typen auskommen und sich dabei wunderbar fühlen!

Liebe Desi!

Für die schönsten Wochen des Jahres leiste ich mir acht Tage Fuerteventura. Ich mache mit meinem Freund Tauchurlaub, habe dafür eisern gespart, doch nun macht mir mein Monatskalender einen Strich durch die Rechnung. Genau in dieser Woche kriege ich nämlich meine Tage. Leider habe ich immer heftige Beschwerden und blute stark! Soll ich mir die Romantik durch meine Periode verpatzen lassen? Oder lieber zum Frauenarzt gehen und mir die Tage wegspritzen lassen?

Heidelind N., 31,
Witten

Liebe Heidelind!

Nun, wir alle wissen es, einmal im Monat verwandelt sich die vitalste Frau in ein zitterndes Häufchen Elend! Nichts als unser Bauch drängt sich absolut in den Mittelpunkt unseres Denkens: Er verschafft sich Aufmerksamkeit durch prämenstruelle Beschwerden wie Heulkrämpfe, Blähgefühle, Wasseransammlungen, Fresslust und Pickel. Aber sich durch dieses hormonelle Feuerwerk den heiß ersehnten Liebesurlaub ruinieren lassen ?
Ich glaube, bei dir tickt's nicht richtig.
O.k., es ist absolut ungerecht, dass Männer von dieser Belastung verschont bleiben. Nicht auszudenken, welches Spektakel die Kerle veranstalten würden, wenn sie ihre Tage hätten: Bauchschmerzen würden genügen, um einen Behindertenausweis zu beantra-

gen und Frührente zu bekommen. Die Jungs würden sich alle 28 Tage krankschreiben lassen und uns »schmutzigen« Frauen diesen Prozess als innere Reinigung verkaufen. Die Regierung würde einen Ministerialposten schaffen, der einen Fonds einrichtet, der sich der Erforschung der Regelblutung widmet. Handle nicht voreilig, sondern überleg doch mal: Jedes Gen in deinem Körper entstand unter dem Gesichtspunkt zu gebären. Du hast einen weichen, rundlichen Körper, der Milch produzieren kann und selbst dann nicht platzt, wenn du Achtlinge kriegst. Das Zauberhormon Östrogen bereitet deinen Körper einmal im Monat auf Schwangerschaft vor. Dies beginnt damit, dass es als unerbittlicher Gebieter dein sexuelles Verlangen auf Trab und deine körpereigenen Sekrete zum Fließen bringt. Kriegt das Hormon nicht, was es will, zieht es sich beleidigt zurück. Es hofft, dass dir endlich ein Licht aufgeht und du dir ein Ei befruchten lässt, damit die dafür angelegten Organe endlich ihrer Funktion dienen können. Du denkst aber gar nicht daran zu brüten. Dein Körper macht also einen Riesenskandal, weil er schon wieder kein Baby bekommt – und zwar jedes Mal, wenn deine schmerzenden Eierstöcke dich an deinen »verpatzten« Auftrag als Frau erinnern. Und diese Feinabstimmung deiner Weiblichkeit willst du noch mehr durcheinander bringen? Riskierst du etwa, dich mit »Mutter Natur« anzulegen? So viel Aufregung wegen eines normal funktionierenden, weiblichen Zyklus? Ohne Hormone würde dein Mann keine Erektion bekommen, er hätte kaum Muskeln, müsste sich nie rasieren und würde fiepsen wie Daniel Küblböck. Ohne Hormone wäre es deinem Mann sogar egal, wer die Fußball-WM gewinnt.

Sei also schlau: Biete deinem Freund bei jeder möglichen Gelegenheit vor und nach deinen Tagen Sex an. Wenn es so weit ist, dann lass dir von ihm Sangria, Kakao, Eis und Kekse an den Strand bringen und dann übt ihr euch in Zärtlichkeit. Und wenn das »hormonelle Schluchzen« der bewussten Zeitspanne dir zu schaffen macht, dann sei einfach ganz Frau: Warte ab und mach mal wieder ausführlich Handarbeit! Ich verspreche dir, wenn ihr mit heilem Körper und heilem Penis wieder zu Hause in euer Schlafzimmer kommt, habt ihr sogar nach einem Liebesurlaub noch unstillbaren Appetit.

Liebe Desi!

Gute Ratschläge sind oftmals schwer in die Tat umzusetzen. Ich habe Verpflichtungen und kann meiner Familie nicht den Rücken zuwenden. Wie kann ich aus meinem Leben mehr machen und die Verletzungen überwinden? Ich bin Ärztin, habe ein Leben lang gearbeitet, meine zwei Kinder alleine durchgebracht, und die eine große Liebe wurde zu einer bitteren Enttäuschung. Mit Männern habe ich immer Pech gehabt. Der Letzte ist mir sogar per Herzinfarkt weggestorben und ich habe dummerweise seine Schulden geerbt!
Ich musste viele Nackenschläge einstecken, vor allem im Privatleben. Für mich gab es als Trost immer nur den Beruf und die Kinder. Beide Söhne sind wohl geraten, da kann ich stolz sein.
Nun bin ich pensioniert. Wie soll es weitergehen? Alleine alt zu werden ist die schwierigste Aufgabe,

die mir noch bevorsteht. Ich habe damit nie gerechnet.

Larissa E., 58,
Schwerin

Liebe Larissa!

Die Menschheit neigt dazu, wenig Hilfestellung zu geben und eher neidisch auf alles zu reagieren, was unabhängig, stark und stolz ist. Mehr als du geleistet hast, kann man einer Frau gar nicht abverlangen: Kein Kerl der Welt könnte dieses Pensum durchziehen, so stark sind nur wir. In uns steckt eben die Kraft der Trümmerfrauen der Nachkriegsjahre.
Wer Kinder alleine durchgebracht hat, ist für alles gewappnet.
Denke nun endlich an dich. Sei nicht so streng mit dir und lass niemand anderen über dein Leben urteilen. All jene Leute, die verachten oder kritisieren, würden niemals deine Miete übernehmen, wenn du Hilfe brauchst. Du klingst nach einem Menschen mit einem reinen Gewissen. Dies wird dir im Alter eine enorme Erleichterung sein.
Ich bin der Meinung, dass man nie erwachsen wird. Das Gemeine ist, dass der dritte Akt im Spiel unseres Lebens sehr schlecht geschrieben ist. Es wird nicht unbedingt besser mit uns. Wer aber ein toller Mensch gewesen ist, wird auch in Würde altern – natürlich nur, wenn man in Würde jung war. Die besten Dinge, die dir noch bevorstehen, seien es Reisen, Freundschaften, Hobbys, familiäre Angelegenheiten, Enkelkinder, werden dich reich entlohnen für all das, was

du anderen Menschen in deinem Leben gegeben hast. Du hast nicht nur genommen, wie so viele, du hast geschenkt. Großzügigkeit oder Geiz – es kommt alles mit Zins und Zinseszins zu uns zurück. Man kann es sich in reiferen Jahren leisten, der Stimme seines Herzens zu folgen und sich selbst der beste Freund zu sein. Dann stehen einem noch die herrlichsten Jahre bevor. Du hast eine Pension und du hast alle Zeit der Welt für dich. Wenn das kein Luxus ist! Ich an deiner Stelle würde sofort einen Salsa-Tanzkurs für Senioren buchen. Schau mal nach Miami, dort rennen die Golden Girls im Rudel herum und fühlen sich im Zenit ihres Lebens: endlich frei von Job und Kindern.

Denk vor allem zuerst an dich: Das Band, welches Alleinerziehende mit ihren Kindern verbindet, kann durch nichts zerstört werden. Ich schwöre dir, einsam wirst du niemals sein. Schreib mal ne E-Mail aus den Staaten. Ich wollte dort immer mal hin und mich umschauen, ob die nicht ein Seniorenstift für anonyme Megastars haben: Ich plane nämlich, in Florida zu sterben. Als die Madonna der Geriatrie!

10. Kapitel
Ich shoppe, also bin ich

Da ich eine jener Frauen bin, die lieber auf hohen Absätzen durch die Hölle schreiten würden als auf Latschen durch das Tor zum Himmel, kann sich der Leser an seinen bescheidenen zehn Fingerchen ausrechnen, welche Glücksgefühle mich beim Schuhkauf übermannen.

Ich habe mir mal ausgerechnet, was man erwirtschaften könnte, wenn man statt einem Paar-Manolo-Blahnik-Schuhen für 700 Euro das Geld mit 3 Prozent Zinsen auf 20 Jahre bei der Bank als Festgeldkonto anlegen würde: satte 1264 Euro 28 Cent!

Ich habe 100 Paar Schuhe im Schrank, die ich, wenn's hochkommt, jeweils 20-mal getragen habe, bevor sie dem modischen Nachfolgepaar weichen mussten. So gesehen hat mich mein Schuhtick um ein Vermögen gebracht, mit dem sich Leute in Birkenstockschuhen eine prachtvolle Datsche in der Uckermark für mindestens 126 000 Euro finanziert hätten.

Wussten Sie, das es 12-Schritte-Programme für Suchtgefährdete gibt, die so anonym sind, dass nicht mal die eigenen Mitglieder wissen, dass sie dazugehören?

Das ist genau die Gruppe, in der ich bin. Ich finde meinen Tick nicht gut! Eigentlich ist es total unvernünftig. Und trotzdem will ich mich nicht ändern. Meine Höhepunkte bei Shopping-Orgien halten nämlich deutlich länger an als die beim Sex. Wenn sich die Liebhaber längst verdünnisiert haben, kann ich immer noch meinen Schuhschrank aufmachen, um den Glauben an das Gute, das Wahre und das Schöne wiederzufinden.

Die Frage »Was wünschen Frauen wirklich?« hat seit Jahrhunderten die Menschheit, insbesondere Literaten, Liebende und Philosophen beschäftigt. Dadurch, dass die es nicht einmal geschafft hat, Strumpfhosen für uns Frauen zu produzieren, die keine Laufmaschen kriegen, haben wir begriffen, dass wir nie bekommen werden, was wir brauchen. Ich meine, es wäre doch das Mindeste gewesen. Aber wenn nicht mal laufmaschenfreie Strümpfe für uns drin sind, was haben wir dann von der Gesellschaft noch zu erwarten? Nun gut, wir sind Kummer gewohnt!

Also sind wir Spezialistinnen geworden, wenn es darum geht, sich ersatzweise Befriedigung zu verschaffen. Wie bedürftig müssen Frauen eigentlich sein, wenn schon so etwas wie ein »Schaufensterbummel« geeignet ist, uns Trost zu spenden?

Shoppen bedeutet uns so viel, dass bereits das bloße Anschauen der Auslagen für unser Gemüt besser ist als gar nichts. Wie winselnde Hunde, denen man das Würstchen zu hoch hinhält und sie sich damit begnügen müssen, vergeblich danach zu schnappen. Selbst wenn wir durch Geschäfte schlendern dürfen, ohne die Absicht, etwas zu erwerben, sind wir schon dankbar!

Da ist es auch legitim, wenn wir der Verkäuferin sagen: »Ich schaue mich nur um.« In der Tat outet man sich als hilfsbedürftig, wenn man einkaufen geht. Wie sonst erklärt sich die stereotype Verkaufsanmache: »Kann ich Ihnen helfen?« Man müsste eigentlich antworten: »Ja, können Sie! Räumen Sie die Schnäppchen weg und sorgen Sie dafür, dass ich mein Portemonnaie bei mir behalte!«

Inzwischen ist es ethisch-moralisch absolut vertretbar,

dem Kaufrausch zu verfallen und sich als Shopping-Junkie erkennen zu geben. Hauptsache, man hat noch genug Kraft zum Tütenschleppen! Denn wer zu dick wird, stellt eine Bedrohung für die Modebranche dar. Eine Shopping-süchtige Hungerharke ist für die Fashionindustrie ein Geschenk des Himmels! Daran lässt sich unschwer ermessen, wie viel Wert ein Mensch besitzt, der mittellos und dick ist. Das ist so ziemlich das Letzte, was die Wirtschaft braucht. Er taugt bestenfalls als Konsument von Accessoires und kann sich, wenn's hochkommt, eine hübsche Schmuck- und Handtaschenkollektion zulegen.

Ich bin arm gewesen und ich bin reich gewesen – reich ist besser! Man hat immer die Möglichkeit, sich Erleichterung zu verschaffen, indem man im Shopping-Center impulsiv zuschlägt. Zu Hause dann die hübschen Päckchen auszubreiten und sich die nigelnagelneuen Besitztümer anzuschauen, verschafft ein tiefes Gefühl der Befriedigung. Für einen kleinen Moment fühlt man sich reich! Wie bei Aldi an der Kasse, wenn man auf dem Fließband die Waren eines ganzen Wagens deponiert hat, die Summe aufleuchtet und man nur 21 Euro 33 zahlen muss! Plötzlich ist man Madonna!

Ich sage Ihnen, was der Kick beim Shoppen ist, und ich sage Ihnen auch, was Frauen wirklich wünschen: Es ist haargenau dasselbe! Macht und Kontrolle! Endlich wartet mal einer auf uns! Die Verkäuferin steht den ganzen Tag im Laden rum und begrüßt uns als willkommenen Gast, wenn wir ihr Terrain betreten. Wir beschreiben genau, was wir meinen haben zu wollen, und wenn das Angebot exakt unsere Bedürfnisse zu stillen vermag, geben wir uns der Versuchung hin und werden verzaubert: in Primadonnen mit Kreditkarte, in Diven mit Bargeld, in Königinnen mit Scheinen! Wir verzeihen die unschmeichelhaften Neonröhren, die zwei Quadratmeter große Zelle des Grauens, die sich Umkleidekabine nennt, und die Azubi-Schlampe, die uns lustlos die Drahtbügel mit den verhedderten Bikiniteilchen auseinander pfriemelt. Wir werden zu Präsidentinnen über endlose Fluchten gut gefüllter Regale und empfinden die unübersichtliche Schar von Wühltischen als unser Reich! Wir empfinden die Macht, verächtlich »Nein« zu sagen und die Dinge links liegen zu lassen, oder mit Schnäppchen zu liebäugeln, bis sie sich in unser Herz geschlichen haben. Wir haben Tausende von Möglichkeiten und die Macht, entscheiden zu können, was unser Geld wert ist und was nicht!

Das Geilste ist, gar nicht zu wissen, was man kaufen will! Das ist Shoppen für Fortgeschrittene! Es ist ein Tagesprojekt! Eine Herausforderung! Ja, es ist eine Schatzsuche!

Wir dürfen auswählen, bewundern und besitzen. In welcher Disco hat dieses Spiel je geklappt?

Frauen sind heutzutage Expertinnen, wenn es ums Einkaufen geht. Denn von dem Moment an, wo wir alt genug sind, mit dem Finger auf einen Gegenstand zu zeigen und zu sagen: »haben wollen«, werden wir von der Werbung als perfekter Konsument gecoached. Mein Sohn isst am liebsten Dinge, die im Fernsehen tanzen: Joghurts, Fruchtzwerge, M&Ms, Smarties, Müsliriegel, Drinks und Kinderschokolade! Kleinkinder werden darauf konditioniert, dass alles schmeckt, was bunt ist und sich bewegt. Doch unsere Lehrjahre kommen erst noch: Magazine, TV-Shows, Filme und Werbung sind geeignet, um uns zu konspirativen Konsumenten zu erziehen, die Überflüssiges, Nutzloses als Heilsbringer besitzen, erwerben und anhäufen wollen. Das ist so etwas wie Religionsersatz. Das Nächste, was uns dem Konsumrausch Verfallene erwartet, kann eigentlich nur noch eine Shopping-Olympiade sein, wo wir uns Trophäen verdienen, indem wir die besten unter allen Einkaufssüchtigen sind.

Ich meine, was gibt es Schöneres, als sich zwei Stunden Bummeln durchs KaDeWe zu schenken, wenn es einem mal richtig schlecht geht? Wir kommen raus und fühlen uns besser! Egal, ob unser Fetisch nun Schuhe, Bücher, Power Tools, CDs oder Modeschmuck sind – dieses eine Paar schwarze Hosen, was da im Fenster hängt, trägt unseren Namen! Unsere körpereigenen Sekrete beginnen zu fließen. Wir werden feucht! Wir erfüllen alle Qualifikationen, um ein richtiges Shopping-Victim zu werden, und wissen mit dem Jahreskalender immer, wo wir einkaufsmäßig stehen. Da gibt es nicht nur Schlussverkaufstermine, nein, wir haben Hausfrauenwochen, Eröffnungsangebote, Räumungsverkäufe, Auktionen und Geschäftsauflösungen, die unserem Leben einen Sinn verleihen.

Nehmen wir die Factory-Outlets und Schuh-Discounter hinzu, die abgearbeitet werden müssen und sich komplizierter Prozent-Rechnungen bedienen, so lässt dies den wahren Shop-aholic der Einfachheit halber mit dem Taschenrechner arbeiten. Das Paar Schuhe für 300 Euro? Geschenkt, wenn man errechnet, dass der Preis bei 365 Tagen im Jahr, an denen man theoretisch diese Schuhe tragen könnte, bei weniger als einem Euro pro Tag liegt, folglich pro Schuh und Tag somit bei knapp 30 Cent!

Warum nicht mit der gleichen Hingabe für diese vergänglichen Werte Aktien an der Börse kaufen? Schon einmal darüber nachgedacht, auf diese Weise handfeste Suchtenergien zu kanalisieren? Immer wenn wir mit einer neuen La-Prairie-Gesichtscreme flirten, sollten wir das Geld gewinnbringend anlegen. Dann würden wir aus dem, was wir gerade erworben haben, sogar Gewinne ziehen!

Ich finde es phantastisch, dass wir die Möglichkeit haben, durch unser Einkaufsverhalten Erfahrungen zu erwerben, die sich auf alle Bereiche des Lebens übertragen lassen. Sehr vieles, was ich durchs Shoppen gelernt habe, wende ich in der Alltagspraxis an: Zum Beispiel weiß ich, dass es möglich ist, aus nahezu Nichts etwas Großes wachsen zu lassen! Das habe ich beim Einkaufen gelernt! Spekulationen an der Börse können mir mehr an Kick verschaffen als eine Einkaufsreise zum Schlussverkauf bei Harrods! Wenn das Geld verloren geht, schmerzt mich das kaum mehr als die Feststellung, dass meine roten Lackstiefel vom Vorjahr die neue Saison nicht überdauert haben.

Ich schenke potenziellen Liebhabern neuerdings in etwa dieselbe Aufmerksamkeit, die man als Shop-aholic größeren Anschaffungen, zum Beispiel einem hübschen Sommerkleid von Prada, zuteil werden lässt: Selten greife ich nach dem Erstbesten, sogar wenn er/es mir gut zu Gesicht stehen würde. Ich muss mindestens 20 andere anfassen und durchprobieren, um dann vielleicht auf die Nummer eins zurückzugreifen. Bevor ich mich wirklich endgültig entscheide, lasse ich ihn/es von einer vertrauensvollen Freundin/Beraterin begutachten. Wenn er/es diesem sachkundigen Urteil standhalten konnte, werde ich mental überprüfen wie er/es sich in die bereits vorhandenen Besitztümer meines Kleiderschrankes/Umfeld es integrieren ließe. Ich frage mich: wie lässt er/es sich kombinieren mit dem, was ich schon habe? Steht er/es mir? Ist er/es schmeichelhaft für mich? Kann ich mich mit ihm bewegen? Kann ich darin atmen? Kann ich ihn/es mit auf Reisen nehmen? Wie hoch sind die Folgekosten (Reinigung/Unterhalt)? Kann ich ihn/es mir überhaupt leisten? Brauche ich ihn/es nur einmal – oder werde ich ihn/es mehrfach benutzen? Wie lange wird er/es mir gefallen? Bleibt er/es überhaupt in Mode? Wird er/es ein Lieblingsteil? Oder krame ich ihn/es nur gelegentlich hervor, zum Beispiel an Silvester?

Wenn ich bedenke, wie viel Überlegung ich in Kleidungsstücke investiert habe, die mir lieb und teuer sind, da ist es doch verwerflich, dass manche Männer mich im Supermarkt aufgabeln und meine Telefonnummer an der Kasse auf die Zigarettenschachtel kritzeln. Für die ist man ja fast so was wie ein spontanes Schnäppchen! Ein Impulskauf! Wenn ich in der Abteilung Liebe ein hochwertiges, dauerhaftes Gut erwerbe, kann das doch nichts sein, was in der Warteschlange spontan meinen Blick kreuzt, ein plötzliches Begehren hervorruft, um zufälligerweise in meinen Korb geworfen zu werden. Etwas mir über den Weg Gelaufenes soll doch nicht zwei Jahre später bei mir zu Hause vor dem Fernseher rumhängen. Beim Einkaufen vergleiche ich doch auch den Wert der Dinge und nicht nur den Preis. Sind die Teile leicht zu warten? Überdauern sie die Saison? Muss ich mein Konto überziehen? Wie gefällt es meinem Sohn? Was wird meine Mutter sagen? Was wird die Presse sagen?

Kommen wir nun zu dem, was meine wertvollsten Kleidungsstücke sind! Ich meine beileibe nicht die teuersten, nein, ich rede von den liebgewordenen Besitztümern, die man für kein Geld der Welt jemals wieder hergeben würde. Ich denke beispielsweise an die lila Federboa vom Flohmarkt, für deren Erwerb man mich für verrückt erklärt hätte, hätte sich nicht das Gegenteil erwiesen, seitdem ich sie an meine alte, verwaschene, blaue Jeansjacke genäht habe.

Liebe ist wie Einkaufen!

Man leistet sich mal wieder einen Einkaufsbummel und will ein Kleid für eine spezielle Party haben. Man denkt an etwas gut Geschnittenes, Elegantes, Schmeichelhaftes, das nicht allzu sehr aus dem Rahmen fällt. Aber dann, während man durch die Abteilung mit den kleinen Schwarzen schlendert, sieht man einen preisreduzierten pinkfarbenen Angorapulli am Drehständer mit den Ladenhütern!

Er ist absolut nicht das, was man haben wollte, aber man fasst ihn an und weiß, er gehört zu einem. Man sagt sich: »Verdammt, das ist ja absolut nicht, was ich brauche, aber was soll's, kostet ja nichts, ihn mal anzuprobieren!« Man streift ihn sich über und spürt: Der ist wie für mich geschaffen! Also macht man die Börse auf und zahlt. Man geht des Weges und sucht weiter nach dem perfekten kleinen Schwarzen.

Bis die Party anfängt, hat man das perfekte kleine Schwarze immer noch nicht gefunden. Also trägt man den rosa Angorapulli! Man kombiniert ihn mit den alten Perlenketten von Oma und er sieht perfekt aus. Auf der Party bekommt man Komplimente über Komplimente und fühlt sich glücklich, komfortabel und begehrt: Man wirkt charmant! Und bald wird der rosa Pulli, den keiner haben wollte, zum Lieblingsteil unseres gesamten Kleiderschrankes. Er passt sich an. Er lässt sich stylen, wie man ihn braucht, lässig-salopp oder edel-elegant – er sieht immer perfekt aus. Wahrscheinlich sagt die eigene Mutter: »Mit so was willst du rumlaufen?«, aber man weiß: Ich und er, wir sind miteinander verwachsen! Der rosa Angorapulli ist unbezahlbar geworden!

Was will uns diese Parabel im Bezug auf die romantische Liebe sagen? Klar, wir glauben, das kleine Schwarze sei das Beste für uns. Aber dem Test der Realität hält nun mal der sehr spezielle, pinkfarbene Angorapulli stand, bei dessen Erwerb uns jeder für verrückt gehalten hat.

Weder feministische Theorien, die uns Frauen zum Manne machen wollen, noch die These, dass wir als Öko-Erdmutter oder Sexgöttin die Heilsbringer dieser Erde werden, können mich überzeugen! Ich weiß aus eigener Erfahrung: Frauen finden ihr Glück beim Einkaufen! Egal, ob wir an unserer Karriere, unserem Vermögen oder dem Liebesleben zu knabbern haben, meine Rettung ist immer ein Leben auf Schnäppchenjagd! Mögen die anderen sich auf die Überholspur begeben, im Shoppingwahn beherrsche ich die Welt als Amazone!

Liebe Desi!

Bitte erkläre mir, warum Wäscheverkäuferinnen so brutal sind. Für mich sind sie der Abschaum, denn mit einem verachtenden Blick kanzeln sie mich ab, wenn mir ein 250-Euro-Bikini zu teuer, ein Tanga zu eng und ein BH unpassend geschnitten ist. Das Gemeine ist: Die Schuld hat immer die Kundin. Meine Brust sitzt falsch, meine Hüfte ist zu breit, das lächerliche Rüschen-Dessous hat immer Recht! La Perla kann nichts dafür, dass ich so ein verbauter Krüppel bin. Dabei wollte ich nur baden gehen. Am Strand geht der Spießrutenlauf ja weiter, wenn mich alle hämisch betrachten, weil meine Knie einen Faltenwurf haben. Ich glaube, es ist besser, den Sommer über drin zu bleiben. Die Sonne tut uns eh nicht gut und lässt die Haut altern. Bin ich allein oder geht es anderen Frauen ebenso?

Frauke T., 56,
Häschpäsch

Liebe Frauke!

Erstens: Was gehen dich die fremden Leute am Strand an? Denen ist ganz egal, wie du aussiehst, denn die hoffen ja bloß, dass niemandem auffällt, dass ihr eigener Arsch durch die Gegend wogt wie das Euter einer ungemolkenen Milchkuh. Zumindest Frauen denken so. Männer glauben allesamt, sie sehen total scharf aus. Außerdem: In der Hitze des Sommers sind die Kerle, welche Urlaub haben und den ganzen Tag dumm rumgucken, eh alle so geil, dass ihnen völlig wurscht ist, welche körperlichen Mängel um die Muschi herumdrapiert sind, die sie so dringend brauchen.

Hier noch ein Tipp: Geh niemals in die großen Kaufhäuser. Geh in kleine, intime Dessous-Boutiquen. Die übelsten Verkäuferinnen arbeiten in den anonymen Departements, denn da kann ihnen egal sein, ob du das Teilchen nun kaufst oder gramgebeugt aus dem Fenster der Umkleidekabine springst. Was die Wäscheabteilung an Minus macht, das wird an der Fleischtheke wieder reingeholt. Hingegen muss der Einzelhandel diese beschissene Dienstleistungsattitüde aus Selbsterhaltungstrieb umschiffen. Wäscheverkäuferinnen im Kaufhaus sind eine echte Bedrohung für uns Frauen ab Größe 38. Sie tragen keine Verantwortung für die Umsätze, solange ihre Stechkarte nur richtig abgestempelt ist. Ein persönlicher Service in einer intimen Boutique des Einzelhandels, wo die Chefin auf Umsätze und Stammkundschaft angewiesen ist, wird ganz anders mit unserem geschädigten Ego umgehen. Doch auch hier sollten wir bedenken: Normal kann die Tante hinter dem Tresen nicht sein! Den ganzen Tag zwischen G-Strings rumzustehen, überteuerte Push-up-Bras für importierte Russinnen rauszusuchen, Korsagen und Strapsgürtel nach erotischer Vorliebe der Kundin zu präsentieren und BH-Größen nach A bis Z zu sortieren hinterlässt Spuren in der Psyche einer Frau.

Und zwar wird genau der Teil des Gehirns geschädigt, der andere Frauen respektiert. Die dramatischen Schädigungen an der Hirnrinde produzieren Ablehnung und Hass gegen jede Frau, die auf der Suche nach Reizwäsche den Laden betritt. Denn hier grast ein Weibchen, was einen Kerl abgegriffen hat, für den sie sich gerade präpariert. Wäscheverkäuferinnen wollen all die Männer besitzen und vernaschen, die wir schon haben, und für die wir uns aufstrapsen. Wie ein Schatten imaginieren sie immer den Mann als Geist, der über uns schwebt, und fantasieren, wie sie es ihm hinter der Ladenkasse besorgen würden, während wir die Kreditkarte rüberreichen. Umso aufreizender die Dessous unserer Wahl, desto teurer wird es für uns. Und umso höher die Rechnung, desto geiler und dreckiger besorgen sie es unserem Mann im Geiste, während wir den Kassenbon unterschreiben. Ein ganz mieses Geschäft. Ich prangere das an! Unsere einzige Rettung ist die Flucht in die Anonymität: Bestellt bei Victorias Secret!

Liebe Desi!

Zum Thema »große Liebe« muss ich dir Folgendes beichten: Ich weiß nicht, ob ich neurotisch bin, aber ist es normal, im Fernsehen eine Modeschau zu sehen und angesichts des Glamours in Tränen auszubrechen? Das ist mir neulich passiert. Nun habe ich mir bei Armani ein Kostüm gekauft, ein Outfit, von dem ich mir nie vorstellen konnte, dass ich es je besitzen würde: eine Jacke, so schlicht, schmal und elegant geschnitten, dass ich wie eine Lilie wirke, wobei der Rock meine Knie so schwungvoll umspielt, dass ich

mich beschwingt fühle wie ein junges Mädchen. Das Ensemble ist in »koralle«, wodurch mein Teint rosig erstrahlt und ich total überwältigend wirke.
Als ich es zu Hause aus der Tüte nahm, habe ich mich eine Stunde vorm Spiegel darin zu alten Donna-Summer-CDs aus den 80ern gedreht, ich habe all die Marilyn-Posen vorm Spiegel durchgespielt und bestimmt drei Stunden mit diversen Looks experimentiert: Haare hoch, Haare runter, Hut auf, Hut ab – dabei habe ich mich per Selbstauslöser fotografiert und auf diese Weise den schönsten Abend seit langem verbracht. Als ich dann die Fotos von mir sah, die so wunderschön geworden sind, liefen mir Tränen übers Gesicht. Bin ich jetzt reif für die Klapsmühle?

Gerda L., 47,
Weimar

Liebe Gerda!

Ganz klarer Fall – du hast dich verliebt! Es hat dich volle Kanne erwischt: Designerlove! Die einzig echte Form von richtig großer Liebe. Klamotten lügen nie! Gibt es etwas Wunderbareres, als von einem Label angefixt zu sein? Ich finde das äußerst befriedigend, denn man muss bei dieser Form der Hörigkeit niemals mehr auf einen Anruf warten. Überall, jederzeit stehen die Türen der großen Designerstores offen, um dich mit ausgebreiteten Armen und einem Glas Champagner als willkommene Kundin zu empfangen.
Ich würde dann fairerweise aber auch mit all den

anderen, alten, abgelegten Klamotten in deinem Schrank Schluss machen und sie zum Fenster rausschmeißen oder an unbefriedigte Freundinnen weiterreichen, denn junge, reine Liebe sollte durch nichts befleckt oder getrübt werden. Versuche, einen klaren Kopf zu behalten und dich dem Regime nicht allzu blindlings zu unterwerfen, sonst rennst du als Fashion-Victim rum, dem man nur auf die Outfits und niemals mehr in die Augen schaut.
Das ist ohnehin die große Frage: Wie lange kannst du einem Label treu bleiben? Nicht dass du Monsieur Armani mit Chanel-Make-up betrügst! Du weißt, wie böse Tunten werden können, wenn sie hassen!

Liebe Desi!

Ich erlebe gerade eine wunderbare Affäre, die mich glücklich macht und das Beste ist, was mir je mit einem Mann passiert ist. Aber ich habe von ihm noch nie etwas geschenkt bekommen, und das geht nun schon zwei Jahre so. Zu Weihnachten habe ich einen Schal bekommen. Sonst nichts. Der Typ hat mir nicht einmal Blumen mitgebracht. Ich habe ihn darauf angesprochen, und er hat frech gesagt: »Du kriegst auch in Zukunft nichts. Du bekommst von mir das Beste, was ich einer Frau schenken kann, meine Liebe. Das muss reichen.«
Soll ich deshalb Schluss machen? Wie kann ich das ändern?

Xenia M., 38,
Tauberbischofsheim

Liebe Xenia!

Wenn es der Typ wert ist, dann lass es erst mal so stehen. Was nützt dir ein Kotzbrocken, auf den du nicht stehst, der dich mit Präsenten überschüttet? Aber ich würde schon dran arbeiten. Du kannst beispielsweise dafür sorgen, dass andere dich in seiner Anwesenheit fragen: »Was hast du eigentlich von XY zum Geburtstag bekommen?« Wenn der Geizkragen daneben steht, soll er ruhig selbst erklären, warum er sich nicht einmal dafür schämt, dass er dich so kurz hält.
Und ich verrate dir noch einen Ausweg: Versuche, mit ihm ins Geschäft zu kommen. Buche eine gemeinsame Reise, miete eine Wohnung, bestelle irgendwas auf Rechnung, die er begleichen muss. Leihe dir Bargeld. Wenn er dann deinen Anteil zurückverlangt, behältst du einfach eine gewisse Summe für Geschenke ein und kaufst dir davon selber eine schöne, bunte Louis-Vuitton Handtasche oder eine teure Lederhose von Versace.
Das Geld für die Präsente wird gar nicht erst an ihn ausbezahlt. Ich würde sagen, zwei, drei größere Geschenke im Jahr sind legitim. Aus Fairnessgründen würde ich das sogar ankündigen und ihm reinen Wein über deine Vorgehensweise einschenken. Nein, als Frau muss man sich wehren. Und wenn dir daran irgendetwas peinlich ist, dann mach es wie ich: Erzähl's weiter! Verbreite diese schändliche Tatsache, bis ihm ein Spießrutenlauf bevorsteht. Aber Schluss machen mit einem netten, tollen Mann? Auf gar keinen Fall! Dann kauf dir deine Blumen eben selbst!

11. Kapitel
Warum Frauen gut einparken und dabei noch zuhören können

Ich finde es toll, RTL-Dschungelqueen und Blondine zu sein – bei niedrigen Erwartungen ist es leicht, die Leute zu überraschen! Daher habe ich an meinem 40. Geburtstag einen guten Vorsatz gefasst, dem ich seitdem auch immer gefolgt bin: Jedes Jahr lerne ich etwas Neues dazu!

Skifahren, Autofahren, Gesellschaftstanz und Spanisch standen ganz oben auf meiner Liste. Auf diese Weise bedeutet Alter für mich automatisch Fortschritt.

Und man bewegt soziopolitisch etwas, wenn man eingefahrene Lebensmuster durchbricht. Auch ich war perplex angesichts der Aufmerksamkeit, die mir zuteil wird, seitdem ich Maseratifahrerin bin! Das Bundesverkehrsministerium steht sogar kurz davor, eine neue Warnung über den Verkehrsfunk zu erlassen: Hingewiesen wird auf dramatisch zunehmende Gefahren im Straßenverkehr infolge der Verwendung von Handys am Steuer, Fernsehern und Fax-Geräten im Armaturenbrett und meiner aktiven Teilnahme am Straßenverkehr.

Ich hab mich nie für Autos interessiert, immer nur für Klamotten. An Autos interessiert mich nur, dass sie mich schneller zu Klamotten bringen. Nach 120 Fahrstunden habe ich aber nun endlich doch meinen Führerschein gemacht. Allein zwei Unterrichtseinheiten habe ich schon dafür gebraucht, um zu begreifen, wie man den Falk-Stadtplan wieder zusammenfaltet.

Mit über 40 den Führerschein zu machen ist schlimmer, als Spätgebärende zu sein.

Man wird von Leuten beobachtet und ausgelacht, die die eigenen Kinder sein könnten. Wenn die anderen Verkehrsteilnehmer das Schild »Fahrschule« an einem Auto sehen und am Steuer sitzt eine, nun ja, sagen wir »Dame in den besten Jahren«, wird man entweder gejagt, geärgert oder es wird einem der Vogel gezeigt. Seitdem ich aber ein sehr chices Auto fahre, lerne ich durch die Teilnahme am Straßenverkehr viele Männer kennen. Die steigen aus und parken mir den Maserati ein oder sie tanken für mich. Und die Typen tun dann immer so, als wäre es ihr Wägelchen. Manchmal wollen sie sogar, dass ich sie mit ihrem Handy dabei fotografiere. Man findet eben immer Gesprächsthemen durch ein Auto, fast wie die Hundebesitzer.

Ich habe mir für meine Verkehrsausbildung die rutschigen Wintermonate im Zentrum der Weltstadt Berlins ausgesucht. Ich dachte mir, da sind so viele Umleitungen und Baustellen, da kann ich immer schön langsam fahren. Außerdem erkennt man mich in meiner Heimatstadt überall und so spekulierte ich darauf, dass die anderen Autofahrer zur Seite weichen würden, wenn ich komme.

Inzwischen fahre ich gern Auto, habe nur ein bisschen Probleme beim Überholen, Einparken und Bremsen. Trotzdem: Der Wagen hat mir geholfen, Männer besser zu verstehen.

Ja, ich empfinde so etwas wie Liebe für meinen Erstwagen, einen chicen, silbergrauen BMW Z4. Nicht selten gehe ich nachts ans Fenster, blicke auf mein Auto und platze fast vor Stolz. Da unten steht es! »Ein schicket Auto!«

Ich hätte mir nie träumen lassen, dass es eine noch größere Befriedigung geben kann als Schuhkauf, doch letzte Woche betrat ich – die stolze Führerschein- und Sportwagenbesitzerin – einen gläsernen 3000 Quadratmeter großen Wagenpark und sagte: »Guten Tag, ich hätte gern ein Auto!«

Der schnittige Autoverkäufer im Nadelstreifenanzug antwortete: »Was darfs denn sein?«

»Einen Zweitwagen bitte!«, entgegnete ich.

Sämtliche Shopping-Orgien der Vergangenheit verblassten angesichts der Vielfalt wohlgeformter Modelle, die bereitwillig darauf warteten, von mir durchprobiert zu werden. Ich kam mir vor wie im Swinger-Club: Formate jeglicher Art standen bereit und raunten mir förmlich zu: »Nimm mich!«

Der sympathische Kundenberater stimulierte meine Sinne, indem er sagte: »Versuchen Sie es doch mal mit dem.«

Von allem, was da im Laden rumstand, hat mir der Autoverkäufer am besten gefallen! Wann trifft man schon heutzutage auf einen echten Gentleman? Klack, schon öffnete er per Fernbedienung die Tür eines sportlichen kleinen, griffigen Alfa Romeos. Das satte Rot gefiel mir. Der kleine Italiener machte durch Geschwindigkeit wett, was ihm an Größe fehlte. Das tiefergelegte Fahrgestell reagierte wie geölt, das Lenkrad lag griffig in meiner Hand.

Doch mein Berater animierte mich, weitere Erfahrungen zu sammeln. Er besorgte mir das Kontrastprogramm. Ich stieg auf einen bulligen Porsche Cayenne um. In so einem schwarzen Luxusschiff muss man sich regelrecht zwingen, aufrecht sitzen zu bleiben. Ich habe erst mal die Rückbank ausprobiert und festgestellt, dass man dort schlafen kann, ohne sich den Fuß im Handschuhfach einzuklemmen. Ich muss zugeben, dass es der totale Kick für mich war, dieses überwältigend proportionierte Teil mit dem kleinen Finger sanft um die Ecken gleiten zu lassen. Ich nahm die Mitte der Fahrbahn ein, sah auf jeden herab und kam mir größer und schneller vor als alle anderen. Ich wollte jeden, der mich überholte, gegen die Böschung drücken und fühlte mich stark, sicher und aufgehoben, wie beim Einschlafen in den starken Armen meines Traummannes. Dieses Auto würde ich sofort heiraten! Der Cayenne ist eigentlich das, was ich als Mann suche. Man erreicht damit auch bei tiefsten Schneeverwehungen immer noch sicher sein Chalet in der Schweiz!

Da ich Anfängerin bin, präsentierte man mir dennoch vorerst noch etwas Solides: einen silbergrauen, handlichen Audi Quattro, der unspektakulär aussah und nicht ahnen ließ, was er draufhatte. Das Teil ging ab wie eine Rakete: von null auf 60 in drei Sekunden. Das Cockpit hätte jeden Piloten eines Düsenjets vor Neid erblassen lassen. Ich hab erst einmal den Drehzahlmesser mit dem Tacho verwechselt.

Doch ich konnte ganz gelassen bleiben, denn die Kiste hatte es drauf. Mit der neuen Technologie könnte man ja einen Platten haben und würde es nicht mal merken. Diese Autos geben ja quasi schon ein Warnsignal von sich, wenn die Nase glänzt! Ich fahre Luxuskarossen schon deshalb gerne, weil ich den Komfort auskoste, den es bedeutet, wenn ein anderer für mich denkt. Mein Wagen weiß zum Beispiel von selbst, wann er das Licht einschalten, die Scheibenwischer betätigen und die Heizung einschalten soll. Nur die Tante, die meine Straßenkarte abliest, nervt. Sie berechnet seit nun fast einem Jahr von jeder erdenklichen Stelle, an der ich mich befinde, den Weg zur Schule meines Sohnes, weil ich mich nie wieder getraut habe, ihre Knöpfe zu drücken, nachdem sie mich einmal mir nichts, dir nichts in ein Parkhaus gelotst hat. Ich glaube, ich installiere mir jetzt einen Mann. Die haben eben doch einen besseren Orientierungssinn.

Nach dem Audi war ich als Anfängerin mit meiner Kondition am Ende. Drei unterschiedliche Formate hintereinander waren für mich ein echter Belastungstest.

Ich wusste ja eh schon vorher, was ich haben wollte. Und so sagte ich: »O.k., das ist ja alles recht originell – aber ich dachte eher an einen Maserati. Cabriolet, versteht sich.«

Die Pupillen des Autoverkäufers wurden kleiner. War es Neid oder Freude über die Provision? Er bot mir ein Sektchen an und geleitete mich zum Probesitzen in den »italienischen Pavillon«.

So werden aus prolligen Autoverkäufern handverlesene Gentlemen: Immer wenn ein Mann einer Frau die Autotür aufhält, ist entweder das Auto neu oder die Frau. In diesem Falle traf beides zu.

»Es ist natürlich ein Mythos, dass Frauen nicht einparken können«, sagte ich.

»Absolut«, gab mir der Verkäufer Recht. Diesen Zuspruch habe ich mir teuer erkauft. Mein Auto piepst sogar, wenn in meinem Radius Hindernisse auftauchen. Ich muss auch nicht, wie viele Männer es tun, aufhören zu reden und die Musik leiser drehen, bevor ich rückwärts einparke. Das kommt daher, dass das männliche Gehirn nicht in der Lage ist, mehrere Tätigkeiten auf einmal zu verrichten. Das ist wie beim Sex, da können die ja auch nicht gleichzeitig auf die Uhr, an die Decke oder auf ihr Schuhwerk schauen. Frauen können ohne mit der Wimper zu zucken Geschlechtsverkehr haben, dabei fernsehen und sogar noch die intellektuelle Gedankenleistung vollbringen festzustellen, dass morgen mal wieder dringend staubgesaugt werden muss.

Wenn man dazu in der Lage ist, dann kann man sich auch die Wimpern tuschen, telefonieren und dabei rückwärts einparken. Im Zweifelsfall erkennt man auch sofort, wo mein Auto steht: Wenn in der überfüllten Innenstadt ein Parkplatz mit zwei Autos besetzt wurde, ist mein Wagen in der Regel immer der obere!

Auf Männer muss es wie eine feindliche Übernahme wirken, wenn so ein blondes Superweib ihr selbstverdientes schwarzes Maserati-Cabriolet selbstbewusst einparkt! Oh, ich liebe es, den Typen zuzusehen, wenn man genau das Ding, was für sie bis dato symbolisch für Potenzverlängerung stand, wie ein niedliches Spielzeug jongliert. Mein Maserati ist für mich Schnickschnack. Ich im Verkehr – das ist eine brillante Antithese auf den Sexismus!

Unsere Mütter haben ihren Söhnen verschwiegen, dass es Frauen geben wird, die auf Stilettos einen Marathon rennen, auf hohen Hacken im Berufsverkehr jedes Taxi einholen und sogar mit 10 Zentimeter hohen Riemchensandaletten eine Vollbremsung hinkriegen. Klar, dass Männer auf uns nicht vorbereitet sind.

Ich meine, wir Mädels haben lange genug die grinsende Cheerleaderin gemacht für das Männerteam! Wir waren uns nicht zu schade, Groupies zu sein. Wir geben unsere Wählerstimme ab und führen neben der Karriere noch einen Haushalt. Wir geben sogar die athletische Tennisspielerin im Miniröckchen! Ja, wir zeigen Verständnis, wenn wir in Lack und Leder daherkommen sollen. Mein Gott, wir sind nicht mal zimperlich, wenn's um unbequeme Strapse und Bondage geht. Aber in dem Moment, wo wir Gold gewinnen, auf Öl stoßen und die Führung übernehmen, stehen wir alleine da. Einer starken, schönen, lustigen, charmanten Frau, die lernen musste, sich selbst zu behaupten, gratuliert keiner!

Kämpfen und noch dazu gewinnen, o nein, das ist nicht ladylike. Blasen auch nicht, aber darüber hat sich noch keiner beschwert.

Männern hingegen fällt nichts anderes dazu ein, als meine Maserati-Teilnahme am Verkehr erotisch zu besetzen. An der Ampel schauen sie mich beleidigt oder verstohlen aus ihrem Golf an und ich blicke mit klimpernden Wimpern und großen Kulleraugen zurück. Ernte ich Anerkennung? Oder gar ein Lächeln? In den Pupillen der Männer lese ich: »Wer ist die Schlampe?« (O.k., es gibt rühmliche, wohlproportionierte Ausnahmen! Mein Herz schlägt für all jene, die mir lächelnd den Daumen – nach oben gerichtet – zeigen.) Aber mein alles verstehendes und alles verzeihendes Herz bleibt auch in dieser Situation gnädig: Männer hatten in den letzten 40 Jahren im Verkehr viel zu verkraften. Ihr gesamtes Weltbild wurde zerstört. Während Mutti in den 50er Jahren bei der Reise mit dem Auto nach Italien bestenfalls harte Eier pellen und die Getränke reichen durfte, fahren die Muttis von heute nun selber Autos, die Karten lesen können, für uns mitdenken, wie eine Sekretärin Telefonate durchstellen, das Licht ausschalten und sich quasi von selbst einparken.

Trotzdem bleibt auch im modernsten Fahrzeug Ärger nicht aus. Manche, von Männern erfundene (!), Verkehrszeichen sind nämlich wirklich blöd. Die kommen im Unterricht gar nicht vor. Ich passierte letztens unerwartet eine Straßenverengung auf der Autobahn, die durch Ampeln gesichert war. Da musste ich 24-mal bremsen und anfahren, bis ich den Engpass durchquert hatte. Kein Problem für meinen Maserati! Durch diesen Belastungstest habe ich mich so richtig freigefahren. Bis dato war ich nämlich immer ein wenig zögerlich, wenn es um Geschwindigkeit ging. Doch nun hab ich gelernt, nichts beschleunigt ein Auto mehr, als wenn eine vierköpfige, testosteronlastige Polizeistreife hinter einem her ist.

Wenn man bedenkt, dass wir Frauen noch vor 500 Jahren in Herden als Sklavinnen des Mannes gehalten wurden, bewegen wir uns evolutionstechnisch doch auf der Überholspur!

Liebe Desi!

Darf es sein, dass an einem Auto eine Ehe zerbricht? Ich habe beim Rückwärts-Einparken ein paar Mülltonnen mitgenommen und den schönen 300er Mercedes meines Mannes demoliert. Gegen das, was sich daraufhin zu Hause abgespielt hat, ist eine griechische Tragödie ein Klacks! Ich habe meinen Mann so nie erlebt und finde, dass es eine unangemessene Überreaktion ist, wie er sich verhält. Wir hatten seit dem Vorfall vor zwei Monaten nie wieder Sex, sprechen nicht mehr miteinander und legen uns Zettel hin, wenn was Wichtiges zu erledigen ist. Aussprache ist zwecklos. Er hat mir Prügel angedroht, wenn ich von dem Thema nochmal anfange. Die Kosten für die Werkstatt zieht er vom Haushaltsgeld ab. Wie komme ich aus dieser Lage raus?

Regula U., 47,
Bad Pyrmont

Liebe Regula!

Man mag es kaum glauben, meine Liebe, aber ich denke, in deinem Fall ist »die andere« wirklich ein Auto! Die Sache sieht schlecht aus für dich. Das Auto hat deinen Mann voll im Griff.
Er hatte wohl jedes Mal Sex mit dem Wagen, wenn er damit gefahren ist. Nun ist er auf Entzug, weil du ihm sein liebstes Spielzeug »putt gemacht« hast. Von daher kann man sagen, dass er dem Wagen treu ist und dich mit einem Auto betrügt. Die Kiste ist natürlich auch scharf geschnitten. Sie tut alles, was

dein Mann von ihr verlangt, und besorgt es ihm so, wie er es gerne hat, also geht er wieder hin. Das ist wie bei einer guten Prostituierten. Du hast einen Ehemann, der seinem Auto hörig ist.
Dir wird nichts weiter übrig bleiben, als dich auf sinnliche Weise einzuschleimen. Denn der Verstand setzt aus, wenn es um geile Teile geht. Da wird es dir wenig helfen, mit Argumenten die Konkurrenz aus dem Feld zu schlagen.
Ich würde alles dafür tun, dass es zu einer romantischen Situation im Auto kommt. Wie bei einem Dreier, da ist »die Andere« auch dabei. Das Auto soll zuschauen. Knutschen im Auto macht uns alle zum Teenager, und die Rückbank zu testen, während man sich am Lenkrad abstützt, ist gut für die Rückenmuskulatur. Ich glaube, dein Mann würde dir verzeihen, wenn du diese »Familienvereinigung« in Anwesenheit des Autos einzufädeln weißt. Natürlich kannst du ihm auch eines leasen und ihr macht am Wochenende eine Testfahrt im Porsche. Das würde garantiert die dunklen Wolken am Ehehimmel vertreiben, denn es wäre für deinen Mann so was wie Fremdgehen auf hohem Niveau.
Wenn ein Auto die Macht hat, eine Ehe zu gefährden, wirst du mit derselben Waffe zurückschlagen müssen. Sieh mal, Regula, wir Frauen sind gestählt durch die olympische Disziplin des Einkaufens im Supermarkt mit zwei Kleinkindern an der Hand – da haben wir doch gelernt, ein Kleinkind, das schmollt, weil »Auto kaputt«, zu überlisten! Den Alten wieder gefügig zu machen sollte dir als Hausfrau in den besten Jahren eine leichte Fingerübung sein. Hast du schon mal daran gedacht, in der Farbe der Eifersucht gelbe Klorollenschoner zu häkeln? Schatzi, das soll nur eine Metapher sein. Es ist billiger, die

Hupe lauter zu stellen, als die Bremsen zu reparieren – denk mal drüber nach. Ohne Humor bist du in deiner Ehe nämlich verloren!

Liebe Desi!

Ich bin in einer schrecklichen Lage: Mein Chef begehrt mich, aber weil ich ihn nicht ranlasse, werde ich nun gemobbt. Er schreit mich vor den Kollegen an, versucht immer wieder, mir an die Wäsche zu gehen, und straft mich vor den Mitarbeitern ab. Besonders gerne quält er mich mit Überstunden. Mir mal frei zu nehmen oder unvorhergesehenen Urlaub zu beantragen wäre völlig undenkbar. Inzwischen habe ich schon Bauchschmerzen, wenn ich mich dem Büro nur nähere. Ist so etwas sexuelle Belästigung am Arbeitsplatz?

Sonja E., 34,
Idar-Oberstein

Liebe Sonja!

Ich finde sexuelle Belästigung am Arbeitsplatz gibt es gar nicht. Es gibt nur ein erotisches Betriebsklima, und das kann dem grauen Büroalltag sehr förderlich sein, aber dazu gehören immer zwei. In deinem Fall ist es eine unwürdige Unverschämtheit. Ich muss dir leider sagen, dass der Ausweg manchmal wirklich nur sein kann, den Job zu wechseln. Als Frau sollte man die süßen Krallen ausfahren und auch dem Boss

eine Quittung erteilen. Wenn du erst einen neuen Job hast, lässt du dich nochmal so richtig schön lange krankschreiben. Aber sei innerlich auf den Absprung vorbereitet!
Dies ist ein typisches Frauendilemma: Wir müssen begreifen, dass wir unser Leben ändern können, dürfen uns eingefahrenen Situationen nicht ausliefern und sollten daran arbeiten, Abhängigkeiten auf ein Minimum zu reduzieren. Wenn es wirklich »kriminell« wird, dann geh zum Rechtsanwalt. Such dir langfristig ein paar Beweise, an denen du festmachen kannst, wie du ausgebeutet wirst. Schade, schade, schade, dass der Typ dir nicht zusagt. Es könnte so schön sein, wenn du all den Spaß, den eine wunderbare Liaison bereiten kann, mit dem Berufsalltag verknüpfen könntest. Dann würde die Arbeit doch endlich wieder Spaß machen.
Das Beste für dich wäre, so lange den Job zu wechseln, bis du einen Chef gefunden hast, in den du dich verliebst. Stell dich schön dumm bei deinem Arbeitgeber an, denn nur wenn du von ihm entlassen wirst, gibt's Arbeitslosengeld. Irgendwann auf deiner Tour landest du bei einem attraktiven Boss, mit dem du es einfach auf dem Konferenztisch machst. Dann musst du nur noch die Ehefrau wegbeißen und schon bist du selbst Frau Direktor.

Liebe Desi!

Ich stecke in so einem tiefen Loch, dass ich denke, ich komme da nie wieder raus. Es geht mir schon sehr lange schlecht, fast ein Jahr. Ich habe erfahren müssen, dass mein Mann jahrelang in Puffs und

unter Prostituierten verkehrt hat, ohne dass ich es bemerkte.
Es ist durch einen blöden Zufall rausgekommen: Sein Wagen, der auf meinen Namen läuft, wurde polizeilich abgeschleppt, während er im Puff war. Der Idiot stand im absoluten Parkverbot. Das Etablissement ist in der Wallachei an der Autobahn, es gibt gar keinen anderen Grund, dort zu parken. Durch diesen Beweis überführt, musste er mir über sein Doppelleben reinen Wein einschenken. Ich weiß jetzt alles. Es ging auch um Analverkehr. Seitdem überkommt mich der Ekel und ich habe große Depressionen. Ich habe schon alles versucht und weiß keinen Ausweg mehr. Als ich das letzte Mal einkaufen war, hat der Kassierer zu mir gesagt: »Du hast jetzt schon zwei Wochen dasselbe Nachthemd an.« Wenn man mich fragt, wie es mir geht, sage ich »gut«. Was kann ich tun, damit niemand mehr fragt, wie es mir geht? Mein Handy habe ich vernichtet. Ich möchte endlich in Ruhe gelassen werden. Auch und ganz besonders von meinem Mann.

Käthe O., 52,
Saulgau

Liebe Käthe!

Herzliches Beileid! Du bist nicht allein. Liebe macht blind, aber die Ehe öffnet die Augen!
Ich glaube, dass du deine Betrachtungsweise der Dinge erneuern musst und nicht dich selbst. Die meisten Männer, die sich so verhalten wie deiner, sind einfach zu faul, sich eine Geliebte zu nehmen,

weil das mehr Anstrengung und Einsatz bedeutet. Selbst einer Geliebten gegenüber hat ein Mann ein Minimum an Verantwortung, und davon kauft er sich bei Prostituierten frei.
Sich schlecht zu benehmen ist bequemer: Nutten muss man nie wieder anrufen, Verabredungen gibt es nicht, Blumen muss man auch nicht mitbringen und der Geburtstag kann einem scheißegal sein. Ja, man muss nicht mal die Anstrengung unternehmen, eine Frau zu erobern. All diese Dinge machen das Leben eines Mannes, der fremdficken will, sehr leicht. Wahrscheinlich hast du ihn zu sehr verwöhnt und alles durchgehen lassen, ihm womöglich noch ein heißes Bad eingelassen, die Puschen und eine Suppe hingestellt, wenn er aus dem Puff nach Hause kam. So blöd können nur wir Frauen sein!
Die Frage ist, ob dein Typ Schuldgefühle hat oder ob er sich sogar besser fühlt, seitdem die Wahrheit raus ist. So ein Generalgeständnis kann auch eine fiese Finte sein: Männern geht es nach der großen Beichte deshalb besser, weil sie die Last ihrer Schuld nicht mehr alleine tragen müssen, sondern sie auf die Schultern der Frau legen. Wer ein schweres Päckchen zu tragen hat, fühlt sich oftmals erleichtert, wenn ihm jemand dabei hilft. Im Grunde wäre es besser gewesen, du hättest davon nie erfahren.
Ich würde ihm eine zweite Chance geben, denn dem Puffwahn zu verfallen, führt bei einigen Männern oft dazu, nach geraumer Zeit endgültig einen Schlussstrich unter diese Phase zu setzen. Sie ekeln sich quasi vor sich selbst. Aber wenn du ihm erneut Chancen gibst und er sie missbraucht, dann hilft nur noch eins: gib ihm einen Tritt in den Arsch!

Liebe Desi,

Ich bin ein 59-jähriger Mann des unteren Mittelstandes und habe vor einem Jahr eine Frau aus dem horizontalen Gewerbe kennen gelernt. Wir waren ein Jahr lang intensiv zusammen, das hat mich 15 000 Euro gekostet. Wie ich mir den Arsch für sie aufgerissen habe, würde ein Buch füllen. Es wurde mir zu stressig und ich habe die Beziehung beendet. Eine Woche lang war ich froh, seit vier Wochen leide ich wie ein Hund, das geht bis hin zu Selbstmordgedanken. Was soll ich machen, damit ich aus dieser aussichtslosen Lage rauskomme?

Werner K., 59,
Hamburg

Lieber Werner!

Du hast eine verstandesmäßige Entscheidung getroffen, doch immer wieder vergessen wir Menschen, dass wir eine Einheit aus Körper, Geist und Seele sind.
Dein Herz hat sich zurückgemeldet und an das erinnert, was du im Leben wirklich brauchst!
Nun muss man fragen, womit du gerechnet hast, als du eine Affäre mit einer Frau aus dem »Milieu« angefangen hast? Sie hat ihren Job ordentlich gemacht und niemals mit falschen Versprechungen gearbeitet. Wenn ein Mann Romantik sucht, dann ist das horizontale Gewerbe ja wohl die denkbar schlechteste Anlaufstelle für seine Bedürfnisse. Dort kann man sexuelle Befriedigung kaufen, aber doch nicht den

Zauber der romantischen Liebe, die nur Augen füreinander hat. Die Konsequenz davon wäre quasi Arbeitsunfähigkeit für die Dienstleistende, denn eine ernste Herzensangelegenheit würde sie zur Frührentnerin machen.
Du hast nun erfahren, dass du in Wirklichkeit auf der Suche nach was ganz anderem als dem schnellen Sex warst. Und das ist eine typische Krankheit unserer Zeit: Seit der sexuellen Revolution wird uns vorgegaukelt, miteinander zu schlafen wäre nicht verpflichtend, bliebe ohne Folgen und sei nicht mehr als eine sexuelle Gefälligkeit, die man einander erweist.
Sex and the City hat uns noch den Rest gegeben. Die einsame Nymphomanin Samantha wurde weltweit zum Rollenideal der »rüstigen« 40-Jährigen von heute. In Wirklichkeit ist die attraktive Samantha eine tragische Figur. Ein hochneurotischer Charakter, bindungs- und liebesunfähig, und dennoch haben wir sie uns als Vorbild für die »reife Singlefrau von heute« auserkoren. Das Gleiche hast du getan: eine Frau aus dem Milieu dazu verdonnert, die Sehnsüchte deines Herzens zu stillen. Nachdem du nun deinen Kurs korrigiert hast, bleibt dir die einmalige Chance, deine Biographie zu ändern, indem du einfach in anderen Gewässern fischst. Wer ewig im gleichen Tümpel angelt, wird vergebens darauf hoffen, einen dicken, fetten Lachs zu erwischen. Wer den will, sollte sich lieber ein Billig-Ticket nach Schottland besorgen, an der richtigen Stelle ausharren und kann sicher sein, dass nichts anderes in die Pfanne kommt, als dicke, fette Lachse.
Nun setz dich bloß nicht in einen Puff in Edinburgh! Nein, lege dir ein Hobby zu, welches dir ein neues Umfeld beschert. Geh zum Seniorentanzen. Was gibt

es besseres als Foxtrott und Cha-Cha-Cha für Rentner? Darauf freue ich mich heute schon. Oder geh in den Kirchenchor. Da lernt man wieder Atmen. Die Musik vermag all das auszudrücken, wofür uns die Worte fehlen, und du beginnst deinen Körper zu spüren. Geh von mir aus auch zum Kegeln. Für 'ne 60-Jährige bist du doch ein junger Hecht. Und eine Frau von 50 kann mit dir sowohl ihre Passion als auch ihre Pension erörtern. Ich habe übrigens viele Anfragen von seriösen Damen deiner Generation. Vielleicht sollte ich nebenbei eine kleine Partnervermittlung für die zweite Lebenshälfte eröffnen? Ich bitte hiermit um Übersendung deines Bonitätsnachweises und eines aussagekräftigen Fotos!

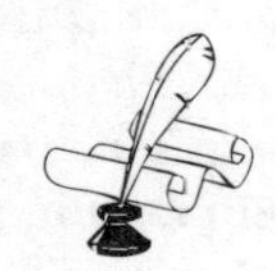

Liebe Desi!

Ich habe vor einem Jahr beim Rückwärts-Einparken einen verheirateten Mann kennen gelernt, der mir zwar erst den Vogel gezeigt hat, dann aber mit mir einen Kaffee trinken gegangen ist. Der Sex, den ich mit ihm habe, hat mein Leben verändert. Wir sind verliebt und alles läuft super. Nun lässt er sich sogar scheiden. Das Schlimme ist: nicht wegen mir! Er ist froh, wieder frei zu sein, und will seine Freiheit erst einmal genießen. Heiraten will er nie wieder. Hat unsere Liebe eine Chance?

Melanie J., 38
Berlin-Charlottenburg

Liebe Melanie!

Tja, wenn es keine Ehemänner gäbe, wer würde sich dann um all die Mätressen kümmern?
Man muss im Leben lernen, dankbar für das zu sein, was man geschenkt bekommt, und nicht immer nach dem Mehr zu fragen. Eure Liebe existiert doch und nichts konnte diesen Mann davon abhalten, sich mit dir einzulassen. Aber du möchtest selber Braut sein und ersehnst dir das volle Programm, weil du einen Traummann getroffen hast, der in jeglicher Hinsicht für dich den Verkehr regeln kann.
Es ist doch ein Glücksfall, wie eure Liebe begann.
Da sieht man es mal wieder: Nichts verwirrt einen Mann mehr, als hinter einer Frau her zu fahren, die alles richtig macht. Wenn die Typen nur erleben dürfen, dass wir nicht einparken können, schmelzen sie schon dahin. Wir bestätigen das Bild, das sie von Frauen im Herzen tragen. Das gibt Männern Sicherheit.
Deine Anspruchshaltung auf die Nachfolge als Ehefrau ist nicht das Einzige, was einen Schatten auf eure Beziehung wirft. Denn in den Augen des Exehepartners wirst du immer diejenige bleiben, wegen der die Verbindung gescheitert ist. Es ist erwiesen, dass Männer die Geliebte, welche eine Ehe gesprengt hat, mit Schuldgefühlen besetzen.
Nimm doch erst einmal das Beste, was es zwischen Mann und Frau gibt, und koste dein Glück aus. Sieh die Sache mal so: Seine Ehefrau ist in den Genuss gekommen, genau deinen Traum gelebt zu haben.
Und was ist das Resultat? Geblieben ist ein Fall für den Scheidungsrichter. Ich glaube nicht, dass du die letzte Frau bist, mit der dein Freund etwas anfängt.
Sich von den Fesseln einer Ehe befreit zu haben, hat

oft zur Folge, dass die Männer den Jagdtrieb auskosten und quasi alles nachholen wollen, was sie sich verkneifen mussten. So gesehen lebt es sich als heimliche Geliebte oftmals geruhsamer, als wenn man mit einem Typen zusammen ist, der, wie Männer es umschreiben, »seine Freiheit genießen will«. Gut, das mag alles nicht sehr ermutigend klingen, aber ich warne dich doch nur, damit du dein Herz nicht restlos verlierst. Immerhin hast du große Teilerfolge zu verbuchen!
Was wir an Hochzeitspaaren lieben, ist der Beweis, dass letztlich doch die Liebe siegt. Und das tut sie immer wieder. Deshalb lieben wir instinktiv sogar alle Tiere, die einander ein Leben lang treu bleiben. Pinguine oder Schwäne zum Beispiel. Da gibt es zu uns Menschen leider Gottes nur einen kleinen Unterschied: Für einen Pinguin ist die Wahrscheinlichkeit, dass dem Partner jemand begegnet, der besser aussieht als man selbst, äußerst gering. Wenn aber alle gleich aussehen, warum dann nicht gleich für immer zusammenbleiben? Und wenn es wirklich ganz groß funkt, dann können wir Säugetiere doch eh nichts machen. Der Rest ist Magie. Und die wünsche ich dir!

Liebe Desi!

Wie kommt es, dass ich Marilyn Monroe hasse? Ich weiß, dass ich sie lieben müsste. Weil sie schön und tragisch ist. Aber sie verkörpert genau das Klischee, das Männer von Frauen entwerfen. Sie spielte in der Öffentlichkeit immer das hilflose, missverstandene Dummchen, ungerecht behandelt und ein kleiner Pechvogel. Sie appelliert an unser aller

Beschützerinstinkt und zwar so offensichtlich, dass es uns verstimmt.
Als Frauenbeauftragte des Zentralrates für weibliche, behinderte Baseballspielerinnen kann ich das nicht gutheißen. Die ganze Emanzipation war doch umsonst, wenn Frauen immer noch als Lustobjekte verehrt werden. Wie kann man einer Frau huldigen, die nicht mehr getan hat, als ihre Brüste hüpfen zu lassen und sich als beste Freundin einen Kerl ausgesucht hat, der in Wirklichkeit ein Mann mit einem riesigen Ständer war? Ich finde das politisch absolut inkorrekt. Und unzeitgemäß obendrein!

Erika Z., 49,
Bochum

Liebe Erika!

Nun ja, ich werde versuchen, einer postfeministischen Irren in einer alten Lederjacke die Welt zu erklären.
Lass dir in aller Deutlichkeit gesagt sein, warum es nur eine Marilyn gab: Wenn ihr Blick uns traf, dann schaute sie unschuldig wie ein waidwundes Bambi, das von Scheinwerfern geblendet wird, aber untenrum wackelte sie gleichzeitig so mit Titten und Arsch, dass es krachte. Ich finde, das ist eine große Kunst.
Ich bin mir ziemlich sicher, dass sich dir sämtliche Qualitäten, die Marilyn hatte, für immer verschließen werden, und dass du kleines impertinentes Teil nicht die göttliche Marilyn persönlich ablehnst, sondern dich selbst.

Da sind Marilyn Monroe und ich viel trickreicher: Sie war das sinnliche Weib, das sich so verhielt, als hätte es noch gar nicht bemerkt, dass es eine Muschi hat. In Marilyns Naivität drückte sich ihr grandioser Humor aus, denn so sexy, wie sie war, hat sie uns unbewusst immer gleich die Ironie mitgeliefert. Deshalb haben wir uns alle in sie verliebt, weil ihr Blick uns mit seiner Wärme und seinem Charme mitten ins Herz traf.
Marilyn hat es geschafft, auszusehen wie ein geiles Miststück und uns gleichzeitig von ihrer zarten Unschuld zu überzeugen. Ich finde Marilyn auf ihren Glamourfotos so schön, dass es fast schmerzt. Mein Herz tut weh, wenn sie mich mit ihrem sanften Blick aufsaugt.
Sie hat für alle Frauen, die nach ihr kamen, die Latte so hoch gehängt, dass wir chancenlos vorm Spiegel stehen. Mit Marilyn als Ideal fühlst du dich einfach aus dem Rennen. Gut, all das, was sie hatte und was dir fehlt, machst du durch politisch-korrekten Einsatz wett. Aber welcher Mann will das schon?

12. Kapitel
Töpfchentraining für den Mann
oder
Wie man Männer stubenrein kriegt

Hier habe ich ein Quiz für Sie. Wo haben Sie die folgenden Sätze schon einmal gehört?

- »Wie läufst du denn rum?«
- »Was du dir leistest, ist in deinem Alter nicht mehr witzig.«
- »Es ist an der Zeit, dass du mal aufräumst.«
- »Und? Immer noch kein Mann in Sicht? Du wirst ja auch nicht grad jünger!«
- »Mein Gott, was soll nur aus dir werden? Als ich in deinem Alter war …«

Na? Fällt der Groschen?
Danke – Note 1 – setzen!

Was glauben Sie wohl, warum im Mittelpunkt der erfolgreichsten Sitcoms meistens eine Familie steht? Kein anderes soziales Konglomerat bietet so einen fruchtbaren Boden für überflüssige Kommentare, Gemeinplätze und absurdes Theater!

Sich mit der eigenen Familie zu verstehen, kann eine Lebensaufgabe sein, und da wir nur ein Leben haben, sollten wir uns greifbarere Ziele setzen. Gewicht, Liebesleben, Aussehen und Vergleich von Einkommen sowie Karrierechancen sind Themenkreise, die man prinzipiell bei Familienzusammenführungen vermeiden sollte. In direkter Ableitung dazu gibt es in Beziehungen zu Männern

Bereiche, deren Erörterung unsere Energien aufsaugt wie ein gigantisches schwarzes Loch. Man ist wirklich besser beraten, gewisse Dinge im Zusammenleben mit Männern auszublenden.

Wenn ich beispielsweise die Stunden addiere, die ich auf Anrufe von Männern gewartet habe, summiert sich dies zu einem Vakuum, dessen Ausbreitung sich nur in Lichtjahren messen lässt. Da diese verlorene Lebenszeit als nicht gelebt gewertet werden muss, ist sie praktisch nicht vorhanden und kann getrost vom Lebensalter abgezogen werden.

Des Weiteren habe ich längst die Hoffnung aufgegeben, dass Männer meine glamourösen, unfehlbar konzipierten modischen Visionen entsprechend würdigen. Was bei den Typen ankommt ist, dass ich gepflegt und gut gekleidet bin. Mehr aber auch nicht.

Um die Details zu diskutieren, suche ich mir andere, mindestens bisexuelle Gesprächspartner. Es ist schlechtweg zu viel verlangt, mit einem Macho die Machart raffinierter Outfits zu erörtern. Männer wissen ja nicht mal, wie man die einzelnen Kleidungsstücke nennt. Der normale Mann glaubt, alles was keine Hose ist, wäre ein Kleid. »Hast du ein hübsches Kleid an«, sagen die Typen, wenn man in Capri-Hose und Bolerojäckchen mit Bustier kommt!

Wenn ich von Pareo, Wasserfall- oder stehendem U-Boot-Ausschnitt, vielleicht sogar A-Linie oder Cul-de-sac spreche, rede ich doch gegen eine Wand! Nicht nur, dass Männer das nie zugeben würden, im Gegenteil, die Typen glauben sogar, dass sie mitreden können, nur weil sie wissen, was Strapse sind!

Ebenso habe ich es aufgegeben, mich über gewisse Bereiche des männlichen Hygieneverhaltens aufzuregen. So, wie man einem noch so intelligenten und lerneifrigen Schimpansen gewisse Leistungen nur bis zu einem gewissen Punkt abverlangen kann, stößt das Potenzial von Männern an seine Grenzen, wenn es um Sauberkeitserziehung geht.

Sicher, das mag jetzt nicht gerade ladylike klingen, aber wenn wir schon darüber sprechen, wie wir die weibliche Lebensqualität im Allgemeinen verbessern können, dürfen wir nicht die vielfältigen Defizite des Toilettentrainings bei Männern aussparen.

Ich will mich gar nicht groß dieser männlichen Unart widmen, bei der es gilt, die Notdurft unter blumigen Umschreibungen zu verbrämen. Es gibt nun mal Dinge, die gehen einfach nicht. Die sind ein No-No. »Ich muss mal für kleine Königstiger!« ist so ein Härtefall. Auch: »Ich geh mal 'ne Stange Wasser ins Eck stellen!« will niemand, der es gesagt bekommt, wirklich hören. Wer aufs Klo geht, soll das kurz und knapp sagen oder den Mund halten.

Betrachten wir nunmehr die sanitären Anlagen, die in den meisten Männerhaushalten so aussehen, dass wir Frauen eher Verstopfung oder Gastritis in Kauf nehmen, als überhaupt das Klo eines Junggesellen zu benutzen. Es fängt ja schon bei der Klobrille an. Gelebte Freiheit bedeutet für Männer zum Beispiel, die Freiheit zu haben, eine kaputte Klobrille abzuschrauben und neben das Klo zu stellen, statt sie zu ersetzen.

Und es geht in der Schüssel weiter. Die männlichen Sehnerven scheinen gegen Urinstein im Laufe der Jahre eine Immunität entwickelt zu haben. Ich behaupte ja ohnehin, dass das heterosexuelle männliche Auge Ansammlungen von Schmutz erst in der Endphase erkennen kann. Die unterschiedlichen Stufen in der Frühphase des Verschmutzens, im Allgemeinen als »Staub« bekannt, werden nicht wahrgenommen. Unsere Mütter haben es schlicht versäumt, das Reinlichkeitsempfinden ihrer Söhne zu verfeinern. Die Kerle wissen nicht, dass die Feuchtigkeit eines Bades dessen Verkeimung dramatisch beschleunigt.

Oftmals befinden sich in Junggesellenhaushalten hinter der Toilette versteckte Batterien mit Reinigungsmitteln, die zwar Ansätze zur Reinlichkeit vermuten lassen, deren Zweck sich aber in ihrer unangetasteten, dick angestaubten Präsenz, also durch bloße Anwesenheit schon erschöpft. Ein Mann merkt erst, dass er putzen muss, wenn sich die Verkeimung in einem akuten Stadium befindet und als »Dreck« ins Auge springt.

Was heißt das konkret?

Bananen müssen mit einer Pilzschicht überwuchert sein, sodass man sie kämmen kann. Erst dann registriert sie das männliche Gehirn als »ungenießbare Nahrung«. Bevor sich die Haare auf einem vergessenen Parmesanstück nicht scheiteln lassen, wird der Käse nicht entsorgt. Hier melden die XY-Botenstoffe: »Hallo Hirnzentrale, hören Sie mich? Achtung, Achtung: Toupierkamm und Yummie-Yummie Papp-Papp passt nicht zusammen!«

Gut, die Toilette mag zum Intimbereich des persönlichen Haushaltes gehören und soll hier nicht in ihrer hygienischen Fragilität zur Diskussion gestellt werden, denn die Würde des Menschen und seiner Intimsphäre ist unantastbar. Aber böse muss man doch werden, wenn man in der Öffentlichkeit mit dem männlichen Unvermögen konfrontiert wird, Schniedelwutze unter Kontrolle zu bringen. Ich meine, ich bin mit den Männern lange genug geduldig gewesen. Keiner kann sagen, dass ich den Typen nicht eine zweite, ja dritte bis fünfte Chance gegeben hätte – aber Männer haben Unarten an sich, die man keiner Frau verzeihen würde. Und hier trifft die Schnittstelle der Sauberkeitserziehung nämlich auf die Gleichstellung von Mann und Frau und definiert sich somit in ihrer tragischen Aktualität als ein Problem von politischer Brisanz.

Es spielt überhaupt keine Rolle, wie gebildet ein Mann ist, man muss nur seinen Arsch mit Kacheln umgeben und schon brennt in seinem Kopf eine Sicherung durch. Blättern Sie vor oder lassen Sie mich an dieser Stelle deutlich werden: der nasse Fleck auf der Hose eines Mannes, wenn er vom Lokus kommt. Ich werde das nie begreifen! Frauen wissen, was ich meine. Man geht mit einem netten Typen aus, sitzt in einem Restaurant, alles läuft bestens, und dann geht er aufs Klo und kommt plötzlich mit diesem Fleck zurück. Der Typ ist 30 oder 40 oder 50, benimmt sich recht ordentlich und ist gut gekleidet, aber er pinkelt sich ein, ohne es zu merken. Ich verstehe das nicht. Er hat diesen Penis doch schon sein ganzes Leben. Man würde doch annehmen, dass er inzwischen gelernt hat, richtig damit umzugehen. Wie kann er denn Verantwortung übernehmen, wenn es ihm nicht mal gelingt, auf sich selbst und seinen Schniedelwutz aufzupassen? Wie kann einem erwachsenen Mann entgangen sein, dass dieser Penis nach der Klobenutzung etwas hinterlassen hat, auf das jede Frau blickt und denkt: »O mein Gott, wie ekelhaft!«?

Was soll man so einem Mann sagen? »Schatzi, du hast dich eingepullert. Da ist Urin auf deiner Hose. Fass nichts mehr auf diesem Tisch an, geh nach Hause, nimm ein Bad und zieh dich um«? Von einer Frau würde man das erwarten, wenn sie mal undicht ist. Oder soll man vielleicht sagen: »Schatz, es gibt da Hygienebinden, Einlagen für den Alltag, sie könnten in deiner Situation hilfreich sein!« Oder soll man ihm anonym ein großes Paket Windelhosen zusenden lassen?

Ich war noch nie mit einem Mann zusammen, bei dem früher oder später dieser nasse Fleck nicht aufgetreten wäre. Unabhängig vom Bildungsstand. Niemand verliert je ein Wort darüber, denn die Sache ist ein Tabu.

Aber, meine Herren, seien Sie sicher: Wir wissen Bescheid! Voll und ganz! Habt ihr es so eilig, dass ihr nicht aufs Klo gehen könnt, wie es sich gehört? Seid ihr solche Nervenwracks, dass ihr euer Ding bereits wieder einpackt, obwohl der Schniedel sagt: »Moment, da kommt gleich noch was«? Warum also bleibt ihr nicht einfach stehen und wartet darauf? Schüttelt doch einfach den letzten Tropfen ab.

Das Problem ist nicht nur der Fleck in Größe eines 2-Euro-Stückes, das Problem sind so genannte Männerklos in ihrer architektonischen Gestaltung. Doch die Männer scheinen sich dieses Dilemmas, auf welches ich hier zu sprechen komme, nicht mal bewusst zu sein. Beim Pinkeln in ein Urinal spritzt nämlich das Pipi von der Rückwand des Beckens zurück auf die Vorderseite der Oberschenkel und trifft Hemd, Sakko und Hose. Die Typen kommen zurück und sehen aus, als wären sie unter einem Rasensprenger durchgelaufen. Dass Männer das nicht riechen? Verdammt nochmal? Das hätte ich doch jetzt wirklich mal gerne gewusst! Niemand weltweit kann mir diese Frage beantworten. Der Dampf feuchter Männerklamotten brodelt in der Sonne und gärt im Büro. Und die Typen merken es nicht … Warum pinkelt ihr nicht gleich in den nächsten Blumentopf, wenn das so ist?

Worauf ich damit hinaus will? Weil mir dieser typische Auftritt beweist, dass Männer sich einer Frau gegenüber gar nicht ernsthaft bemühen. Stattdessen signalisieren sie: Du bist mir scheißegal, dieser Punkt kümmert mich nicht, ich merke nichts und damit existiert das Problem nicht.

Wie wäre es mit Abputzen? Wenn ihr euch einfach abwischen würdet wie wir Frauen auch, gäbe es dieses Ärgernis gar nicht. Es gibt viele verschiedene Wischtechniken … Gut, dass wir mal drüber gesprochen haben!

Ich frage mich, warum Männer solch überflüssige Probleme kreieren? Sie agieren verstört, unsicher und nervös, sobald es in irgendeiner Form um ihren Pimmel geht.

Und nicht nur das: Sie sind nicht nur verwirrt, wenn es um Frauen geht, sondern ihr ganzes Selbstverständnis und Rollenbild wird entwurzelt! Konstante soziale und sexuelle Konflikte haben den Männern die Kontrolle über ihr inneres Gleichgewicht genommen. Männer sitzen in Talkshows und versuchen, sich vor einem Publikum, bestehend aus skeptischen Frauen, zu rechtfertigen. Sie rennen in 12-Punkte-Manager-Trainingsprogramme, um zu lernen, vor anderen Männern zu weinen. Und ich sehe, wie sie in Buchhandlungen in der Abteilung mit den Selbsthilfebüchern desorientiert umherschleichen und sich fragen: »Irgendwas stimmt mit mir nicht. Wo kann ich ein Buch finden, in dem steht, was?«

Männer haben heutzutage eine kollektive Identitätskrise! Sie suchen nach einer Gebrauchsanweisung für sich selbst. Die Gesellschaft hat ihnen alle möglichen Rollenmodelle geliefert und diese im fliegenden Wechsel wieder verworfen.

Die Phase der Neuorientierung liegt bei uns Frauen mittlerweile schon eine ganze Dekade zurück. Seit der Emanzipationswelle in den 70ern haben wir erkannt, dass sich die Frauenbewegung nur von der Hüfte abwärts lohnt!

Es gibt Dinge, die im Laufe der Evolution durch nichts erschüttert werden. So wie der Mond die Sonne braucht, um zu leuchten, so brauchen die Männer uns, um die Klobrille nachzuwischen, wenn sie auf dem Lokus waren. Was soll man schon von einer Spezies erwarten, die nicht mal in der Lage ist, in einem hellerleuchteten Raum die Mitte eines klobrillengroßen, runden Loches zu treffen? Komisch, dass Männer im Dunkeln unter der Bettdecke mit ihrem Schniedelwutz sehr zielgenau arbeiten können!

Ich behaupte, dass es der blanke Egoismus ist, der Männer in ihren feinmotorischen Fähigkeiten steuert. Und aufgrund dieser fehlenden Antennen in subtileren Bereichen halte ich es wirklich für das Beste, Männer als Brötchenverdiener einzusetzen. Da richten sie am wenigsten Unsinn an. Die Typen sollen Zuflucht in ihrer Karriere suchen. Sie sollen sich über nichts anderes als ihre Arbeit definieren. Wenn sie einen Herzinfarkt kriegen und gefeuert werden, werden ihnen andere Männer zur Seite stehen, die als Kardiologen einen 100 000 Euro teuren Herzschrittmacher einsetzen und dafür sorgen, dass durch angemessene Betreuung und hilfreiche Krankenschwestern das Rad des Kapitalismus weiterläuft. Diese Karrierewracks sind der Rohstoff für hochqualifiziertes Fachpersonal in teuren Privatsanatorien, an denen andere Manager sich eine goldene Nase verdienen. Wenn Sie noch nicht an die Auferstehung der Toten glauben, dann sehen Sie sich mal an, was am Feierabend aus Bürohäusern rausgekrochen kommt. So bleiben die Kerle unter sich, abgeschirmt wie in einem Männergetto, dessen Funktion darin besteht, Kapital zu produzieren.

O. k., ich bin kein Mann. Aber ich habe viele Perioden des Lebens durchgemacht, in denen ich mich entscheiden musste, ob ich mich neu erfinde oder umbringe. Unzählige Male bin ich morgens aufgewacht und habe mir die Frage gestellt: »Soll ich heute aus dem Fenster springen oder zur Kosmetik gehen?« Wenn Männer öfter zur Kosmetik gehen würden, bekämen sie weniger Herzinfarkte. Aber die Kumpels bilden Seilschaften untereinander und unterstützen sich lieber gegenseitig, als uns Mädels mit dem Lymphdrainagendiplom.

Mein Rat an Männer ist, sich ein Betätigungsfeld zu suchen, wo sie möglichst intensiv den ganzen Kerl geben können. Die sollen Verantwortung übernehmen, eine Familie ernähren und malochen, bis sie umfallen. Die sollen aufhören zu fragen »Wer bin ich?«, sondern Kohle ranschleppen. Sie sollen uns nur eine liquide Rechnungsadresse nennen, wenn wir shoppen gehen, Arbeitsplätze schaffen, indem sie uns Hauspersonal zur Verfügung stellen, die Aktienkurse stützen, indem sie uns Luxusreisen und weltweite gesellschaftliche Verpflichtungen ermöglichen, die Kosmetik- und Modeindustrie sättigen, indem wir unsere Eigensanierung vorantreiben, und für uns den Hengst machen, wenn wir die Muschi zeigen.

Geld ist nicht die wichtigste Sache im Leben – das ist immer noch die Liebe. Aber ich liebe Geld und verbinde somit beides! In einer funktionierenden Welt liegt die Verantwortung der Frauen beim Bustier und die der Männer beim Budget. Wenn ich als Gegenleistung die Klobrille nachwischen soll, ist das ein verdammt guter Deal!

Liebe Desi!

Ich führe einen Haushalt mit vier Söhnen und einem Ehemann. Unzählige Jahre meines Lebens verbringe ich schon mit dem Reinigen der Toilettenbrille. Nun habe ich ein kleines Schildchen befestigt, auf dem ich »meine« Männer anmahne, sich beim Wasserlassen hinzusetzen. Aber meine Familie lacht darüber nur höhnisch und hält Männer, die im Sitzen pinkeln, für Weicheier. Ist es wirklich aussichtslos, Männer umzuerziehen?

Thea F., 38,
Königstein im Taunus

Liebe Thea!

Deine kleine Schweinebande sollte sich ein Beispiel an uns Frauen nehmen, die wir mit unserer Periode wesentlich geforderter sind, wenn's um Hygiene geht. Biete den Herren doch mal Slipeinlagen an. Da geht der letzte Tropfen in die Binde. Und vielleicht erleben sie dann auch mal, was es heißt, wenn sich ein einzelnes Schamhaar zwischen dem Klebestreifen und dem Slip verfängt, sodass man humpelnd trippelnd sofort die nächste öffentliche Toilette aufsuchen muss, um dem Foltergang ein Ende zu bereiten. Mit einem Tampon komme ich mir immer vor wie ein Hampelmann, der ein kleines, blaues Bändchen zwischen den Beinen hat, an dem man ziehen muss, damit sich die Arme und Beine bewegen. Gegen dieses Damoklesschwert im Leben einer Frau ist das bisschen Mühsal, was Männer mit ihrem Schniedel haben, doch eigentlich Pippifax.
Ich glaube, du solltest deine Sippschaft gewähren lassen und dich selbst beim Urinieren hinstellen. Danach gehst du in die Küche, drückst einem der Übeltäter einen Lappen in die Hand und sagst: »Erledige das mal, ich hab ein bisschen was verschüttet.« Ich glaube, ein Mann, der einmal im Leben das Malheur einer Frau beseitigt hat, wird nie wieder danebenpinkeln. Danach schiebst du ihm ein Leckerli ins Mäulchen und tätschelst seinen Popo.
Wenn man Männer wirklich umerziehen will, muss man Mittel aus der Tierdressur anwenden. Tu einfach so, als hättest du es mit einem Schäferhund zu tun, der nicht stubenrein ist. Auf Behandlungsmethoden aus der Hundezucht reagieren Männer am besten. Wenn's um Sex geht, benehmen sie sich ja auch wie Tiere.

Liebe Desi!

Ich bin eine vielbeschäftigte Single-Frau, die ein bisschen die Neigung zum Messie hat.
Meine Frage: Ich habe einen Mann kennen gelernt, mit dem ich seit längerem ein Verhältnis habe und der sich bei mir eingeladen hat. Am liebsten würde ich schnell noch umziehen, denn dieses Chaos ist für mich keinesfalls mehr zu bewältigen. Die Pilze wachsen aus der Spüle und Tonnen von Altpapier, Fischdosen und leeren Flaschen säumen die ganze Wohnung. Ich habe mir schon überlegt, gegen Geld eine fremde Wohnung nur für diesen einen Abend zu mieten und ihm als mein trautes Heim zu präsentieren. Was soll ich tun, wenn mein Lover mich besuchen kommt?

Nadja A., 36,
Potsdam

Liebe Nadja,

Das mit der fremden Wohnung ist keine gute Idee, denn wenn es ein gepflegtes Heim ist, wird der Mann sich wohl fühlen, bald wiederkommen wollen und dann fliegt der ganze Schwindel auf.
Du kannst diese Lüge einfach nicht aufrecht erhalten, wenn du beispielsweise eine Freundin bemühst – und wenn er nur nach der Herkunft eines Bildes oder Buches fragt, wirst du die nächste Lügengeschichte erfinden müssen.
Du kommst nicht darum herum, einfach mal Ordnung machen zu müssen. Ich verstehe, dass du dich

scheust, denn für dich lohnt sich Hausarbeit einfach nicht. Du sagst dir: »Was soll ich Betten machen und abwaschen – sechs Monate später muss man damit ja wieder von vorne anfangen!«
Natürlich hilft die Standardausrüstung normaler Haushaltsgeräte in deinem Fall nicht mehr. Mit einem Staubwedel kommst du nicht weit. Die feuchte Bügelwäsche im Kühlschrank zu verstecken wird nach hinten losgehen, wenn der Liebhaber höflich ist und euch des Nachts zwischen zwei Akten eine Flasche Wasser holt.
Ich glaube, die Leistungskraft eines normalen Staubsaugers ist zu begrenzt, um deinen speziellen Anforderungen gerecht zu werden. Die Düse beispielsweise ist viel zu schmal, um Büchsen und Flaschen aufsaugen zu können. Ich empfehle dir, in einen Black & Decker Industrie-Garten-Laubstaubsauger für Parkanlagen zu investieren, den man sich auf den Rücken schnallt, und dessen großer Schlauch Gegenstände bis zur Größe toter Tauben mühelos wegschluckt. Die Müllsäcke entsorgst du radikal. So beseitigst du erst mal das Gröbste. Dann greifst du für die Feinheiten auf den normalen Heimstaubsauger zurück, um Boden und Teppiche zu entkeimen. Heb dir den Staubsaugerbeutel schön auf. Verstaue ihn an einem sicheren Ort, zum Beispiel unterm Bett oder in deinem Kosmetikkoffer. Denn wir wissen, dass eine Frau wie du gegen Monatsende den haarigen, grauen Dreck mit bloßen Händen nach aufgesaugtem Kleingeld für Brötchen und deine Bustickets durchstöbern wird.
Wenn dir das alles zu mühsam erscheint: investiere in eine saubere Zukunft und bestelle einen Putzservice nach Hausfrauenart. Du brauchst dich nicht zu schämen, denn du schaffst Arbeitsplätze für Blitz-

reinigungsunternehmen. Aber versprich mir eines: Du musst dich danach bessern! Nutze den jungfräulich sauberen Zustand deines polierten Heimes, um fortan als stolze Hausfrau weiter zu leben. Und verheimliche diese Aktion unbedingt vor dem neuen Freund. Sei raffiniert und tue so, als sei dir gepflegte Häuslichkeit in die Wiege gelegt worden. Vielleicht wirst du durch die Liebe sogar zur besseren Version deiner selbst!

Liebe Desi!

Letzte Nacht hatte ich einen Traum. Ein Schwarzer, muskelbepackt, mit Brustringen und goldenem Tanga, Federn im Knackarsch, ein Tänzer vom MDR-Fernsehballett, hat versucht, mich zu vergewaltigen. Plötzlich hatte ich zwei Babys im Arm. Dann schrie mich eine männliche Fratze aus dem Spiegel an:
»Er gehört zu mir, wie mein Name an der Tür.«
Dann bin ich über einen Abgrund gegangen und die Babys rutschten mir vom Arm, ich habe mich immer umgedreht, aber der schwarze Mann stand an einem Spielzeugladen und hat sich unterhalten, ohne mich zu beachten. Er hat nie gelächelt, alles war sehr ernst. Ich weiß genau, wer der Mann ist. Er ist ein Steptänzer, der einen homosexuellen Freund hat, obwohl er nicht schwul ist. Wir haben uns kennen gelernt, als wir in einer Comedy-Soap Statisterie gemacht haben. Obwohl wir nie miteinander sprachen, weiß ich, dass wir füreinander bestimmt sind. Ich würde ihn so gerne retten und ihm helfen, von der Homosexualität loszukommen. Wenn erst mal die richtige Frau kommt, wird er bestimmt

normal. Ich will ihn bewahren vor seinem eigenen Wahnsinn.

Mandy M., 29,
Rudolstadt

Liebe Mandy!

Hast du schon mal daran gedacht, dich in ein Tierheim einweisen zu lassen?

13. Kapitel
Der Mutti-Report

Gestern hatte ich einen wunderbaren Abend. Ich war in bester Gesellschaft, denn ich habe ganz allein drei Stunden mit einer Flasche Chardonnay auf meiner Terrasse gesessen und ins Universum gestarrt, um darüber nachzudenken, welche traditionellen, familiären Werte ich in meinem Leben als allein erziehende Mutter aktuell umsetze:

Sprich nicht mit vollem Mund?

Trage immer saubere Unterwäsche, falls du mal einen Unfall hast?

Du sollst immer mit einem reinen Gewissen einschlafen?

Geh dir vorm Essen die Hände waschen?

Unterbrich mich nicht, wenn ich rede?

Werden all die Mantren meiner Kindheit, die ich beflissen weitergebe, morgen überhaupt noch Werte repräsentieren? Vielleicht wird mein Sohn unterdrückt, wenn alle durcheinander schreien und er als Einziger artig wartet, bis er an die Reihe kommt, um zu sprechen? Lassen sich die Werte, die in unserem Hause gelten, auf die Außenwelt übertragen? Gelten meine Verhaltensregeln nur daheim oder auch auf dem Fußballplatz? Wie soll der Junge unterscheiden lernen, wann es richtig ist, die Wahrheit zu sagen, und wann es sinnvoller wäre zu schweigen? Wie führe ich ihn über den schmalen Grad der Notlüge, ohne dass er abstürzt? Wie erläutere ich den Unterschied zwischen Ehrlichkeit und Taktlosigkeit? Zwischen Verbot, Gebot, Regel und Weisung? Zwischen Wahrheit und Wirklichkeit?

Was würde sein Vater als Antwort parat haben, wenn er mich nicht sitzen gelassen hätte?

Schließlich mündete meine freie Assoziation eines lauen Single-Sommerabends in eine Theorie: Der Grund, dass wir alle dieselben Neurosen teilen, ist die Folge dessen, dass wir alle eine nicht perfekte, teilweise sogar miserable, oftmals unzulängliche Kindheit hatten. Eine der legitimen, winzigen Neurosen, die uns Frauen auf diese Weise zusammenschweißen, ist das Mittel der Verleugnung. Bei unseren Bemühungen, die Unzulänglichkeiten unseres unperfekten Lebens zu verdrängen, leistet das TV-Programm wirksame Hilfestellung. Einen Großteil der uns formenden Eindrücke, Sinnzusammenhänge und Verhaltensmuster erlernen wir vor der Glotze.

Früher oder später verlieben wir uns in die Charaktere von Fernsehserien! Irgendwann fangen wir an, unser eigenes Schicksal mit dem von Joan Collins im Denver Clan zu verwechseln, am nächsten Morgen aufzustehen und zu handeln wie Carry Bradshaw, beim Date das Glas zu halten wie Samantha und uns ein Beispiel an den Heldinnen aus Desperate Housewives zu nehmen. Wir vermischen uns und unsere Gefühle mit Bridget Jones und Episoden aus Schokolade zum Frühstück.

Im richtigen Leben hat sich Renee Zellweger nach 4 Wochen scheiden lassen, ist Sarah Jessica Parker eine der brillantesten Geschäftsfrauen New Yorks, mit Wangenimplantaten, zweifach operierter Nase und blauen Kontaktlinsen, während Kim Catrall drei Ehemänner verschlissen hat und Joan Collins in sechster Ehe mit fast 70 Jahren ihren 35-jährigen Betreuer geheiratet hat!

Doch diese schnöden Wahrheiten interessieren einfach

keinen. Wir lassen uns lieber betäuben, um den Glauben an ein besseres Leben nicht zu verlieren. Schließlich weinen wir Mädels ja auch nie um einen Mann, sondern immer um den zerplatzten Traum.

Das Fernsehen ist für uns zur Realität geworden und die Realität zum Albtraum.

Ich habe mich dazu erzogen, das Leben zu lieben, weil es mich immer wieder überrascht und auf eine große Abenteuerreise mitnimmt. Ich schaue mir das alles an wie einen Kinofilm, in dem ich die Hauptdarstellerin bin. Ich habe kein Drehbuch und bin Mittelpunkt in der gigantischsten Impro-Show aller Zeiten.

Manchmal scheint die Zeit still zu stehen und es tut sich absolut nichts. Niemand ruft an, keiner fragt nach mir. Alle meine besten Freunde widmen sich ihren langjährigen Partnerschaften, Männer, auf deren Anrufe ich hoffe, melden sich nicht, mein Sohn ist im Trainingslager der Fußball-Bundesjugendliga und ich bilde ganz allein und einsam an einem verregneten Sonntagnachmittag das Ende der Nahrungskette.

Der Film scheint gerade etwas langweilig zu werden, da klingelt das Telefon. Ich schätze spontan, da will sich einer um mich kümmern. Wie schön!

»Hallo ich bin's«, flötet eine vom Genuss edler Weine gefärbte, reife Frauenstimme.

Sie ist es! Wer könnte es anders sein! *Der* Grund, der zur Erfindung von Anrufbeantwortern geführt hat, *die* Motivation, emotional in Harnisch, Kettenhemd und Waffenrock zu steigen, mental das Visier herunterzuklappen und hinter stählerner Rüstung, mit dem Florett bewaffnet, verbal sich sattelfest ins Zeug zu legen!

»Was mag sie im Schilde führen?«, durchzuckt es mich und ich sage: »Hallo Mami!«

»Ich rufe an, weil ich eine gute Nachricht für dich habe!«

In meinem Kopf schrillen alle Alarmglocken und ich greife ihr unter die Arme mit einem: »Das ist aber schön, was gibt's denn?«

»Also, mein Kind«, prescht sie vor, »hör mal gut zu (Pause) – ich wollte dich wissen lassen, das dein Vater nur noch ein Schatten seiner selbst ist!«

»Ach«, sage ich vorsichtig, da dieser Mann seit über 40 Jahren kein Thema war.

»Die Pfleger sagen, er vegetiert nur noch vor sich hin, der ist praktisch gar nicht mehr vorhanden, da ist nichts mehr drin, er erkennt niemanden, weiß nicht, wer er ist und kann sich an absolut nichts erinnern.«

O.k. sage ich mir, stelle mich innerlich auf Attacke ein und reite ins Turnier: »So. Und was ist nun die gute Nachricht daran?«

»Die gute Nachricht ist, das *du* dich *nicht* schuldig fühlen musst, wenn du deinen Vater nicht besuchst, obwohl du seine Tochter bist, und man sich am Sterbebett vor Gott aussöhnen soll!«

Das war ein Volltreffer! Ich bin bereit zu kämpfen und blicke von meinem hohen Ross herab.

»Aber Mama, dieser Mann hat sich doch nie um uns gekümmert!«

»Es gibt Momente im Leben, da ist die Zeit für Barmherzigkeit gekommen. Du wärst nicht ohne ihn. Ich meine, dieser Mann hatte auch mal seine guten Tage ... Ach, übrigens, bevor ich's vergesse: Ich hab dein Buch gelesen!«

»Toll«, sage ich. Das Buch ist seit zwei Jahren auf dem Markt.

»Und ich muss dir sagen, mein Kind, ich mache mir ein wenig Sorgen um dich. Was du schreibst, klingt so depressiv!«

Depressiv? Ausgerechnet ich? Da schätzt mich meine Gegenspielerin aber völlig falsch ein! Doch sie lässt mich nicht im Stich, denn sie ist für ihre depressive Tochter da. Wenn man als Mutter eine depressive Tochter hat, wird man natürlich gebraucht. Mama spendet Trost, spricht Mut zu, Mama weiß Rat.

»Nee, da irrst du dich aber, ich bin überhaupt nicht depressiv, mir geht's blendend«, sage ich.

»Ich weiß, dass du es nicht gerne hörst (ihre Stimme bebt leicht), aber ich mache mir solche Sorgen um dich, so alleine wie du bist, mit dem Kind!« Schluchzen.

»Ach Mama, du musst dir keine Sorgen machen, du hast keinen Grund zu weinen«, setze ich mich für die Familienharmonie ein.

»Gut, ich hör ja schon auf, ich weiß, du magst das nicht, wenn ich weine. Dabei will ich doch nur, dass du glücklich bist!»

»Mama, hör zu: Ich bin erwachsen! Ich brauche keinen, der mich füttert, anzieht und auf mich aufpasst! Ich verdiene genug Geld, und bin von niemandem abhängig. Kein Kerl kann mich rausschmeißen, niemand kann sich von mir scheiden lassen und ich bin mein eigener Chef. Das läuft doch wirklich alles ganz wunderbar!«

Ich vergebe meiner Mutter. Denn während Männer über Jahrtausende die Macht über die Welt »draußen« hatten, sind wir Frauen disponiert, Macht in den eigenen vier Wänden zu demonstrieren, indem wir uns um die Familie Sorgen machen.

»Sieh mal, Mama«, schließe ich, »du hast einen Freund und ihr habt doch wirklich alle Zeit der Welt, um das Leben zu genießen. Das ist ein Luxus, den ich mir gar nicht leisten kann.«

»Liegt das an deinem Alter, dass du so depressiv bist, mein Kind? Bist du traurig, dass du alt wirst und in die Wechseljahre kommst? Hast du etwa schon Hitzewellen? Mit der Menopause soll man nicht spaßen!«

Ich habe die Schlacht verloren und ziehe mich beleidigt in meine Gemächer zurück.

Die Frage ist: Werden die unschuldigen, reinen, kleinen Föten, die wir ausgebrütet haben, heranwachsen und später einmal genau dieselben verwirrten, komplizierten Mütter werden, die wir heute sind? Welche Neurosen, Defizite und Selbstzweifel werden die Mütter von morgen haben?

Ich persönlich hatte eine traumhafte Schwangerschaft. Mir war nie übel, und die Veränderung, die mein Körper durchmachte, empfand ich als ein einziges faszinierendes Wunder. Niemand wollte so recht wahrhaben, dass ich Mutter werden würde, am wenigsten der Vater, denn man empfand mich in meinem Lebensstil und mit meiner ungewissen Zukunft als zu unkonventionell, um »ausgerechnet jetzt auch noch« ein Kind zu kriegen.

Doch eine kleine Stimme in meinem Herzen, dieses Mysterium weiblicher Intuition, hat mir geflüstert, dass es richtig für mich war. Schwanger zu sein ist ein Traum! Zu spüren, dass in einem etwas größer und größer wird, kehrt alle Empfindungen und Gefühle nach innen! Schwangerschaft war für mich ein glorreicher Ausnahmezustand, und alle in meinem Umfeld waren gut beraten, sich parat zu halten, um herbeizueilen, wenn mir plötzlich nach Mangos, Pommes und dem Riesenbecher Häagen Dazs gelüstete. Man sollte wirklich während der neun Monate jeden Abend ins Kino, Theater und auf Partys gehen, denn was unsere Mütter uns verschweigen ist, dass wir dazu nie wieder die Gelegenheit haben werden!

Wir werden zwei bis drei Jahre kaum Schlaf bekommen, niemals Zeit haben, wenn die andern feiern, zu Spießern werden, die sich den Wecker auf sechs Uhr früh stellen, die Einkaufskarre durch den Supermarkt schieben, um der Logistik von pünktlichem Mittagessen und Schulbroten gerecht zu werden, und wir werden durchdrehen, wenn unsere Kinder Eishockeyfreaks werden oder jeden Sonntag pünktlich um neun Uhr zum Anpfiff auf dem Fußballplatz stehen wollen.

Die Freunde von früher werden sagen: »Die ist aber langweilig geworden«, während wir am Rad drehen und durch die Aufzucht unserer Brut die Gesellschaft von morgen gestalten.

Der Zeitpunkt für Babys ist prinzipiell immer falsch, wenn man in Betracht zieht, dass kaum eine qualifizierte Frau ihren Kalender aufschlagen wird, um zu sagen: »Oh, welch ein Zufall! Zehn Monate keine Termine und Verpflichtungen, da könnte ich doch jetzt mal eben schnell ein Baby kriegen.«

Ich bin bis kurz vor der Geburt mit meiner Personality-Show aufgetreten und aus blanker Existenzangst auch gleich wieder vier Wochen danach. Genau wie mexikanische und chinesische Arbeiterfrauen in der Massenfabrikation der Modeindustrie. Es ist ein und dasselbe Gen, was uns Frauen weltweit zu solchen Höchstleistungen antreibt. Nehmen Sie es mir nicht übel, aber ich kann mich nicht einer gewissen Herablassung erwehren, wenn ich miterlebe, wie hauptberuflich verheiratete Luxustussis im vierten Monat ihren Bauch reiben und sich an Krücken zum Atemunterricht schleppen. Kinder zu entbinden und zu erziehen ist eine Sache, die heutzutage zwischen diversen beruflichen Terminen mal eben schnell erledigt wird. Und das ist gut so. Denn die Tatsache, auch außerhalb der eigenen vier Wände Macht zu haben und sich an einer Karriere abzuarbeiten, verhindert, dass man Kinder benutzt, um sich an ihnen auszutoben.

Während ich also die »Show zum Baby« schrieb, Premieren vorbereitete, Filme drehte und meinen Feldzug durch die Medienlandschaft antrat, ahnte keiner, dass dies mein Weg war, postnatale Depression zu bekämpfen, dass ich die Nächte durchwachte, weil mein Sohn Blähungen oder Koliken hatte, und mich von Malzbier und Karotten ernährte, um meiner Muttermilch den richtigen Inhalt zu verleihen. Mir dämmerte in dieser Zeit, dass der Vater meines Kindes niemals sein Wort halten würde, für uns da zu sein und uns abzusichern. Monatelang versank ich in einer trübsinnigen, dunklen Wolke von Zukunftsangst und Ohnmacht und betete darum, dass ich die Kraft finden würde, diese große Liebe aus meinem Herzen und System zu reißen. Außer, wenn mein Baby gleichzeitig Blähungen und Koliken hatte. Dann habe ich den Kleinen nachts um drei in den Kinderwagen gelegt und im Schlafanzug und Pelzmantel um den Block geschoben, damit er einschläft.

Meine Themen waren Milchpumpen, Neurodermitissalben und Babyvokabular. Ich galt offiziell als »todlangweilig«. Die Babys anderer? Langweilig! Mein Baby? Jeder Millimeter eines Zehennagels, jedes seiner Moleküle, alles war mir heilig! Ich lagerte als stolze Löwin vor meiner Höhle, würde alles reißen, was mir über den Weg lief, um es als Beute nach Hause zu schleifen, ich baute ein Nest für uns zwei und gab mich dieser alles verzehrenden, bewusstseinsverändernden Liebe hin. Ich würde jeden zerfleischen, der meiner Brut zu nahe tritt. Ich war keine Frau Nick mehr, sondern ein säugendes Weibchen. Der Freundeskreis hatte angesichts dieses Glamour-Säugetiers keine andere Wahl, als sich nervös zu verpissen. Wahrscheinlich hätten mich an diesem Punkt nur Eingeborene verstanden!

Ein Schimpansenweibchen hätte gute Chancen gehabt, meine Busenfreundin zu werden und mit mir gemeinsam Bananen zu schälen. Wenn sie einen Termin beim Jugendamt gehabt hätte, wäre ihr Affen-Baby in meinem Bettchen gut aufgehoben gewesen. Ich hätte sein Händchen gehalten und es unter meiner Brust einschlafen lassen. Ich hätte meine beiden kleinen Säugetierchen in einen Wettstreit geschickt, welches zuerst sein Köpfchen hebt, welches sich zuerst von selbst zur anderen Seite rollt, welches zuerst »Mama« kräht, welches sitzen kann, bevor es sechs Monate ist, welches mit acht Monaten laufen lernt und mit drei Jahren in ganzen Sätzen spricht. Natürlich meins! Welches sonst?

Der Duft, die Bewegung, die Berührung, die Haut, die Geräusche von Babys machen atemlos und sind der Ursprung, ja der Urknall perfekter, alles verstehender, alles verzeihender, ewiger, unsterblicher, grausamer, verschlingender, übermächtiger Mutterliebe. Da mögen Männer kommen und gehen. Was haben sie schon auszurichten gegen die Naturgewalt dieser Reinheit und Innigkeit von Liebe?

Gibt es irgendjemanden auf dieser Welt, der für meinen Sohn keine Bewunderung und Zuneigung übrig hat? Er gehört eliminiert von diesem Planeten!

Diese übermächtige Gehirnwäsche eines Säugetiers trifft zwangsläufig auf die einlullende Monotonie mütterlicher Pflichten. Mütterlicher Müdigkeit! Mütterlicher Enttäuschung, Wut und Genervtheit. So unnormal wie diese große Liebe, so gigantisch der Zorn. Wir tun all das ja nur, um die Kinder von uns weg zu erziehen, um die Leine immer länger werden zu lassen, während auch die Einkaufslisten immer länger, das Frühstück immer umfangreicher und die Pflaster auf den Knien immer größer werden.

Die Waschmaschine läuft rund um die Uhr, und was auf der Leine hängt, sieht immer unromantischer und immer mehr nach wilden Kerlen aus. Das bin ich doch so gar nicht: riesige Fußball Polyestershirts in rot-schwarz, dicke Fußballerstulpen und unförmige Sweatshirts mit Applikationen und Zahlen drauf.

Ein Kampf um die richtigen Waschmittel beginnt, denn die Flecken werden anspruchsvoller: Filzstifte, Gras, Blut lösen Kakao und Wasserfarben ab. Ausgelaufene Füller, ausgelaufene Batterien, zerschmolzene Wachsmalstifte, Zettel mit Telefonnummern, Geldstücke in Hosentaschen, die meine Waschmaschine zum Kollaps bringen. Mein Gewissen ist rein! Also ich nehme immer Weichspüler!

Gesetze werden zu Machtworten: Nicht auf die Straße! Nicht aufs Dach! Keine Zungenküsse mit Hunden! *Nein*, die Spaghetti mit Tomatensuppe werden *nicht* am Boden vorm Fernseher gegessen, sondern am Tisch! Jetzt halt endlich deinen Mund und mach, was deine Mutter sagt! Sprich, wenn Mutti mit dir redet! Und zwar sofort!

Einstweilen fragen wir uns: »Wird das jemals anders werden? Wird er jemals morgens pünktlich aufstehen, sein Frühstück selber machen können und wissen, wann er baden muss?«

Nein! Nicht mein Kind! *Er* wird niemals erwachsen werden! Er bleibt mein *Baby*! Mein Sohn wird *nicht* ausziehen, andere Söhne vielleicht ja, aber nicht meiner! Das lasse ich nicht zu! Wie soll ich das überleben, dass er allein zurechtkommt? Es weiß doch keiner, was ihm wirklich schmeckt! Wie soll er den Fraß verdauen können, den *eine andere Frau* ihm hinstellt? Aaaaarrrghhhhhhh!

Mein Gott, er geht mir ja fast schon bis zum Kinn! Gestern ging er mir noch bis zur Hüfte. Wann ist der Junge denn bloß so schnell gewachsen? Die Hosen schon wieder auf Hochwasser, am Wochenende schon wieder Übernachtung beim besten Freund. *Was*? Alleine verreisen? Das darf doch wohl nicht wahr sein! Geld will er haben, um ins Kino zu gehen? Na, wo sind wir denn?

Sein Festgeldkonto will er als Tagesgeld anlegen und eine Kreditkarte statt Bargeld! Von den Sparbuchzinsen von Oma soll ein I-Pod gekauft werden! Ich glaub, ich spinne! Mein Sohn braucht mich, um ihn von all diesen aberwitzigen Ideen abzuhalten. Das Beste wäre, er bleibt zu Hause wohnen und studiert in der Nähe. Für immer. Oder es wird irgendwie anders …

Anders wird kommen. Universitäten in anderen Ländern, ach was, auf anderen Kontinenten werden mein treuloses Kind seiner Mutter entziehen! Man wird von mir verlangen, dies wortlos zu ertragen, wie er Sprachen beherrscht, die ich nicht verstehen kann, und Transaktionen plant, denen ich nicht folgen kann.

Niemand sollte von einer Heiligen erwarten, dass sie dabei tatenlos zusieht! Schon gar nicht von einer Heiligen wie mir! Wie soll das werden, wenn keine Spielsachen mehr in meiner Wohnung sind? Soll sein Zimmer vielleicht irgendwann mal ein Gästezimmer werden, verdammter Mist? Das kann doch kein Mensch von mir verlangen, das ist doch gegen die Natur, sittenwidrig ist das ja!

Mein Gott, vielleicht gefällt es ihm in der Welt, vielleicht fühlt er sich draußen sogar wohl und braucht mich nicht. Vielleicht geht ihm alles glänzend von der Hand, und dann ruft er mich nicht an. Vielleicht vergisst er seine alte Mutter? Vielleicht falle ich ihm eines Tages zur Last? Das will ich wirklich nicht!

Vielleicht kommt er dann am Wochenende zu Besuch. Und zu Weihnachten kommt er bestimmt immer nach Hause. Wo er im Beruf doch sicher weltweit den größten Stress hat. Weil irgendwelche Schweine ihn über den Tisch ziehen wollen. Da darf doch keine Reise zu weit sein. Dann werde ich die Leibgerichte kochen und backen und einfrieren und auftauen und Truthähne ausstopfen und Gänse rupfen. Vielleicht kommt er eines Tages nicht mehr allein. Vielleicht mit einer Schnepfe, die ihn ausnimmt! Ich hoffe mit einer hübschen Blondine, die mir niedliche Enkel schenkt. Es kann doch gar keine geben, die gut genug für ihn ist! Wo soll er diese Frau treffen? Sie wird doch niemals begreifen, wer er wirklich ist?

Mein Gott, eines Tages hat mein Sohn ein *eigenes* Leben! Dann würde alles laufen, wie es sein soll! Dann hätte ich es geschafft, das Kind groß zu machen.

Und ich? Was wird aus mir? Den anderen ist zu mir doch nie mehr eingefallen als »Zicke«. »Die Nick, das ist doch diese böse Frau! Die soll aufpassen was sie sagt ...«, lautet der Kanon der ewig gestrigen promigeilen Möchtegern-V.I.P.-Hammelherde, die sich selbst zu ernst nimmt und glaubt, ihren Wert als Mensch über das zu definieren, was in der Zeitung gedruckt steht.

Gott wird euch alle richten, das ist gewiss! Dann werden alle bekommen, was sie verdient haben. Wer über oder gegen mich jemals ein Wort des Neides, der Missgunst oder Ignoranz verloren oder geschrieben hat, hat sich versündigt. Obwohl: Jeder hat ein Recht auf Dummheit und manche Menschen lassen sich von mir verleiten, dieses Privileg zu missbrauchen! Tut mir Leid, aber schaut doch einfach mal genauer hin:

Die Liebe einer Mutter ist musikalisch gesehen wie eine Symphonie von Beethoven, wie eine große italienische Oper in drei Akten. Schuldgefühle all inclusive. Und wir tun alles, damit das Kind heranwächst und eines Tages sagt: »Bitte lieber Gott, lass mich nicht werden wie meine Mutter!«

Aber was wird denn später mal aus mir? Wenn der Junge groß ist? Dann kauf ich mir einen Hund! Einen richtigen kleinen Zicken-Hund. Wie ich mich kenne, kauf ich gleich drei. An einer Verteilerleine, damit mir keiner entkommt. Aufpassen hab ich schließlich gelernt!

Und auf meinem Grabstein wird stehen: »Ich komme wieder!«

Die Welt sollte mich bis dahin gut genug kennen gelernt haben, um zu wissen, dass ich nie etwas vom Leben verlangt habe, was ich nicht auch kriegen konnte!

Liebe Desi!

Meine 28-jährige Tochter Treetop, die im Ausland (Ibiza) gelebt hat, will jetzt wieder bei uns einziehen. Mein Mann ist von der Idee sogar begeistert. Ich stehe mit meinem Unmut alleine da.
Natürlich liebe ich meine Tochter. Ich muss auch keine Angst vor der jugendlichen Konkurrenz haben. Weder bin ich eine alte Frau, die ihre grauen Stellen an den Schläfen nicht weggefärbt bekommt, noch habe ich einen Hintern, der zu fett ist, um Miniröcke zu vertragen, oder eine Haut, die aussieht wie ein Maiskolben. Nein, wir sind berühmte Rockmusiker und so wild, wie wir nach außen wirken, so spießig sind wir im Herzen! Aber meine Tochter hatte eine Menge Jobs, die ihr alle nicht gut genug waren. Sie sagt prinzipiell »nein« zu allem, was nach Arbeit aussieht. Für sie ist das Leben ein einziger Ausflug nach Disneyworld. Letztens hatte sie in Paris ein Volontariat bei Chanel. Da hat sie gekündigt, weil die Klimaanlage zu kalt eingestellt war!
Die Sache würde anders aussehen, wenn sie mit Drogen geschnappt worden wäre und in einem türkischen Gefängnis säße. Aber sie hat ein chices Auto, Freunde und eine hübsche Eigentumswohnung. Wie kriege ich dieses Mädchen mal los? Sie muss doch lernen, auf eigenen Füßen zu stehen und aus ihrem Leben selber was zu machen. Sobald es draußen schwierig wird, zieht sie zurück zu Mama.
Wir sind in der Musikbranche mittlerweile reich

geworden, haben aber früher keinen Drecksjob ausgelassen, um über die Runden zu kommen. Mein Mann sagt: »Warum soll das arme Kind dieselben Torturen ertragen wie wir? Hol sie nach Hause, bis sich was Passendes findet.« Ich bin der Meinung, er will sie nur zu Hause haben, damit er an der Prinzessin alles wieder gutmachen kann, was er versäumt hat, als sie klein war. Die beiden beten sich an! Ich behaupte, Daddy liebt es, dass die kleine Prinzessin von ihm abhängig ist. Vielleicht weil ich es nie war?
Ich weiß nicht mehr weiter, aber wir streiten die ganze Zeit, sobald es um unsere Tochter geht. Die Familienharmonie ist ernsthaft gefährdet. Was soll ich tun?

Tina T., 56,
Zürich-Pfäffikon

So, meine liebe Tina,

Gratulation zu deiner Karriere. Aber nimm deine Tochter keinesfalls wieder zu Hause auf. Ich habe genügend Kinder reicher Leute gesehen und erlebt, wie sie an den eigenen Illusionen und den Ansprüchen ihrer Eltern zerbrochen sind. Solche Kinder sitzen bei Weltstars auf dem Schoß und halten den Beach-Club in Monte Carlo für die Normalität. Da kostet eine Kugel Eis dann eben 25 Euro und Brad Pitt planscht mit den Kiddies im Babypool. Dass sie Teenager geworden sind, bemerken die Eltern erst, wenn sie sich eines Tages über eine astronomische Telefonrechnung wundern.

Es sind Kinder, die dem Personal sagen: »Such mal mein Skateboard.« Fit fürs Leben werden Kinder, denen Mutti antwortet: »Warte bis es Nacht wird und such das Ding im Dunkeln, da findet es sich, wenn man drüberfällt.«
Wenn niemand die Luxus-Kiddys kneift, damit sie aufwachen, wachsen sie zu verlorenen, kleinen Snobs heran, die glauben, ihnen gehöre die Welt, und die sich für alles zu schade sind, was nicht einer hochgradigen Karriere im Showbusiness ähnlich sieht. Dies alles ist kein schöner Anblick. Wenn die Party vorbei ist, werden diese Kinder von niemandem ernst genommen.
Ich kenne Väter, die alle Strippen ziehen, ihren Söhnen direkt im Anschluss ans Harvard-Studium hochbezahlte TV-Jobs kaufen und sie großzügig alimentieren. Zehn Jahre später sind diese Kinder verkokste und verkorkste, verkrachte Existenzen, die bei irgendeinem Onkel als Frühstücksdirektor geparkt werden, damit das Scheitern nicht weiter auffällt.
Doch selbst wenn du eine zurückgezogene Vogelkundlerin wärest, würde ich dir raten, dein Kind nicht in Watte zu packen. Ein in Watte gepacktes Kind ist ein bequemes Kind. Ein bequemes Kind kennt keine Ängste. Ohne Angst ist man verloren!
Jede Generation hat ihre eigenen Spielregeln und Kinder müssen sich unter ihresgleichen behaupten: nicht durch Kohle, sondern durch Talent, Geist und Leistung. Das Leben ist kein Sonntagsspaziergang, auch wenn uns das in der Werbung gerne vorgegaukelt wird. Noch ist es nicht zu spät, deine Tochter wachzurütteln, aber es ist allerhöchste Eisenbahn.
Kinder sind erst erwachsen, wenn sie nicht mehr fragen, wo sie herkommen, und nicht mehr sagen,

wo sie hingehen! Wenn das anders läuft, kommt irgendwann der Tag, an dem Daddy sagen wird: »Leg die Pistole hin und sprich mit mir!«
Sei froh, dass du keinen Sohn hast, ein Mädel kann man ja mit ein bisschen Glück immer noch verheiraten. Das klingt schrecklich altmodisch, aber ist und bleibt für manche von uns immer noch der klassische Ausweg!

Liebe Desi!

Wir sind ein netter Freundeskreis 40-jähriger Frauen und haben festgestellt, dass unsere Mütter, die circa Ende 60 sind, ein bisschen gaga werden. Alle Mütter sind dabei gleich: Sie wissen alles 1000-mal besser, obwohl sie von nichts eine Ahnung haben.
Ich habe mich breitschlagen lassen, mit meiner Mutter zu verreisen, wir machten mit dem katholischen Pfarramt eine Städtereise nach Rom. Ich habe seinerzeit in Rom studiert, aber meine Mutter hielt es für nötig, mir die Stadt zu erklären. Sie hat jeden Carabinieri angehalten und sinnlose Fragen gestellt. Auf dem Petersplatz hat sie so getan, als wäre sie mit dem Papst verwandt, nur weil er ein Deutscher ist. Das italienische Essen hat ihr nicht geschmeckt, weil sie Miracoli liebt. Sie hat Tauben gefüttert. Sie tappte in jede Touristenfalle und hat nicht akzeptieren können, dass ihre Tochter sich nun mal in der fremden Stadt zu Hause fühlt.
Da will man ihr eine Freude machen, aber meine Mutter war froh, als sie wieder in ihrer Wohnung in Castrop-Rauxel saß. Ich meine, wenn die Eltern es nicht schätzen, dass man sich kümmert, was bleibt

einem dann noch übrig? Meinen Freundinnen geht es nicht anders. Sollen wir eine Selbsthilfegruppe gründen?

Tamara G., 44,
Castrop-Rauxel

Liebe Tamara!

Was du beschreibst, ist der Drang deiner Mutter, alles zu kontrollieren. Verständlich! Sie ist es nun mal gewohnt, die Fäden in der Hand zu halten.
Sieh doch mal, sie geht mit dir einkaufen und die Italiener haben nur Augen für die junge Tochter, flirten schon, wenn man nur ein paar Brötchen und die Zeitung kauft. Deine Mutter steht daneben und wird übersehen. Da bringt sie sich selbst ins Spiel, indem sie Ratschläge erteilt. Sie fängt an sich einzumischen, indem sie dich über Milch belehrt, du machst derweil dem nächsten italienischen Eisdielen-, Zeitungskiosk- oder Drogendealer-Macho schöne Augen.
Ihr verlasst den Laden und sie sieht ein gigantisches Plakat mit einer halb nackten Kate Moss in einer Calvin-Klein-Jeans. Nicht nur, dass deine Mutter das Feindbild der Modebranche repräsentiert, sprich das Alter, sie steht auch noch für eine Generation, die sich aufregt, wenn »die Jugend« nackt posiert und sich in zerfetzte Hosen mit durchsichtigen Tops hüllt und zerstochene, tätowierte Körperregionen schön findet.
Wenn deine Mutter den Fernseher einschaltet, erlebt sie, dass Frauen ihres Alters nur als komische Alte, als vertrocknete Jungfer, als morbider Reigen von

Golden Girls dargestellt werden, und findet sich dort in der Rolle der Kratzbürste Martha wieder. Deiner Mutter wird ständig vor Augen gehalten, dass sie überflüssig, sinnlos, ahnungslos oder unsichtbar ist und wenn sie sichtbar wird, bestenfalls lächerlich wirkt. Im Fernsehen taugen alte Frauen wirklich nur fürs Groteske, mehr geben sie nicht her.
Die so genannte zivilisierte Gesellschaft hat es versäumt, die wunderbare Chance zu kultivieren, dass alle Generationen miteinander unter einem Dach leben. Dort teilen sich Weisheit, Pflichtbewusstsein, Lebensfreude, soziales Miteinander, Toleranz, Respekt, Demut und Gnade automatisch als Pfeiler der Menschenwürde mit. Ich denke, dass sie aus diesem Grunde nach jedem Strohhalm greift, um Aufmerksamkeit zu bekommen und ihr nützliches Wissen kundzutun. Die Selbsthilfegruppe sollte jene aufsuchen, die sich darüber wundern.
Ich hoffe, dass die Kinder der 60er Jahre Modelle entwickeln werden, in denen man nicht weggeschoben, sondern kollektiv gut organisiert würdig altern kann. Immerhin haben wir die Namensgebungsgesetze geändert, freie Liebe propagiert, Hasch geraucht und unsere BHs verbrannt! Da werden wir uns doch hoffentlich auch im Alter neu zu definieren wissen!
Meine Mutter ruft übrigens täglich an, um zu fragen: »Hast du versucht, bei mir anzurufen?«
Wenn ich sage »nein«, fügt sie hinzu: »Kindchen, wenn du nicht zu viel zu tun hast, dann ruf mich an, bevor ich tot bin!«
Es soll doch bloß keiner denken, dass Frauen mit der Regel auch ihre Renitenz verlieren!

Liebe Desi!

Meine Familie dreht durch, weil ich meinen Nachnamen aufgeben will!
Ich bin immer ein guter Sohn gewesen, ich schätze meine Mutter, unterstütze meine Eltern, bin der beste Schwiegersohn, den man sich wünschen kann, nehme keine Drogen (außer Poppers) und führe ein ehrenvolles Leben. Ich bin Purser bei der Lufthansa, bereise und kenne die ganze Welt.
Nun habe ich gesagt, dass ich bei meiner Heirat den Nachnamen meines Freundes Eddie Fernandez annehmen werde. Er ist Brasilianer und Tänzer.
Meine Familie läuft Amok. Meine Mutter hat Tante Rebecca in Tel Aviv und meine Cousins in Eilat angerufen und in den Hörer geschrien: »Der letzte David Unglick und mein Sohn entscheidet, dass der Name nicht gut genug für ihn ist?«
Der Mann ist meine große Liebe, ein sehr netter Junge. Deshalb will ich seinen Namen tragen. Wir haben uns an Bord kennen gelernt, er flog zu einem Videoclip-Dreh in der Business von New York nach London. Es war ein Nachtflug. Als ich ihm einen grünen Tee brachte, sagte ich: »Would you care for anything else?«, und schob meine Zungenspitze in die rechte Wange. Er, nicht dumm, antwortete: »What could that be, Darling?«
Ich sagte: »Anything you like«, und schob meine Zunge seitlich in die linke Wange. Daraufhin zog er sein Sweatshirt aus und antwortete: »But where could I find you?«
»Join me in the back alley in 10 minutes.«
Seit diesem Ereignis vor vier Jahren sind wir unzertrennlich. Meinst du wirklich, ich habe kein moralisches Recht, bei einer Heirat meinen Namen zu

wechseln? Ich will einfach nicht mehr länger Dave Unglick heißen. Meinen Vornamen habe ich schon als Teeni in Danny geändert. Für meine Familie ist es das Ende der Welt. Meine Mutter weint. Ich bin ratlos.

Danny U., 38,
Frankfurt/Berlin

Lieber Danny!

Ich mag dich! Du könntest mein Sohn sein, vor allem, weil du deine Eltern unterstützt. Hast du eine Bank überfallen? Minderjährige vergewaltigt? Hast du deinen Körper zum tätowierten Gesamtkunstwerk gemacht? Warst du im Gefängnis? Bist du ein Junkie? Na also. Deine Eltern können doch sehr zufrieden mit dir sein.
Ich würde zu ihnen gehen und sagen: »Ich gebe meinen Job auf, werde Straßenmusiker und verschenke mein Hab und Gut an einen indischen Guru. Eure Grundstücke vererbe ich einer Riesenschildkröte aus dem Regenwald. Außerdem bin ich HIV-positiv und ein Heroin-Junkie.« Wenn deine Eltern verrückt spielen, sage ihnen: »Ätsch! War nur Spaß! Ich würde als euer Sohn doch niemals solch unverantwortliche Dinge tun. Ich ändere nur meinen Namen, kein Grund zur Aufregung. Und darüber wird doch keiner von euch streiten, oder?«
Glaub mir, das wird ihnen gefallen. Sonst nenn dich einfach Danny Unglick-Fernandez. Ich glaube, du kannst gut damit leben, dass du ein bisschen auffällst, oder? Wenn man die Menschen nicht über-

zeugen kann, dann sollte man sie wenigstens verwirren.
Und komm in meine Show. Du wirst sie lieben!

Liebe Desi!

Ich habe einen 17 Jahre jüngeren Verehrer und bin mit ihm ins Bett gegangen. Es war sensationell! Dadurch, dass er sich danach intensiv um mich gekümmert hat, habe ich mich in ihn total verliebt. Von seiner Geschäftsreise in den Staaten hat er sich dann jedoch nicht ein einziges Mal in zwei Wochen bei mir gemeldet und mir nach der Rückkehr gestanden, dort mit einer anderen geschlafen zu haben. Er versichert mir, dass unser Verhältnis weitergehen soll, und ich sein Typ bin, beantwortet aber nicht mal mehr meine SMS. Plötzlich höre ich kaum was von ihm. Andererseits haben wir in einer Woche ein Date. Was hat es mit diesem Wahnsinn auf sich?

Samantha N., 49
Traunstein/Chiemsee

Liebe Samantha!

Du hast mit deinem Früchtchen viel zu tun: Ärmel hochkrempeln und dir sofort einen anderen suchen, damit du dich nicht noch mehr an den Hallodri bindest, aber keinesfalls so etwas Leckeres von deiner Bettkante schubsen. Wenn du dem Knaben Unrecht

tust und er sich irgendwann doch noch zu dir als seiner Freundin bekennt, kannst du es dir immer noch überlegen, und dich auf ihn einlassen.
Allerdings klingt der Zuschnitt seines Verhaltens ein bisschen nach Arschloch. Und das Schlimme an den ausgemachten Arschlöchern ist ja, dass sie nun mal nicht wie Massenmörder aus einem Hollywoodfilm daherkommen, sondern charmante, charismatische Lustknaben sind, mit denen man endlich mal wieder die unbefangene Leichtigkeit des Seins erleben darf, die sich Verliebtheit nennt. Sie wickeln uns ein, mit allem, was uns Frauen irre macht: kümmern sich, hören zu, gehen auf uns ein, machen am Telefon mit unserem Kind Schularbeiten, schicken nachts um zwei Sehnsuchts-SMS, überraschen uns mit ihrer Hingabe und drehen sich dann um und beginnen ihr Spiel bei einer anderen Frau von vorn.
Setz dir gewisse Grenzen, um nicht deine Würde zu verlieren: Laufe deinem Herzensbrecher niemals nach! Das erinnert ihn an Mutti, die anruft und sagt: »Junge, ich hab mir solche Sorgen gemacht!« Leiste du ihn dir als deinen jugendlichen Liebhaber für prickelnde Stunden, aber versuche die Zügel in der Hand zu behalten.
Das Format von Ashton Kushner, der die 17 Jahre ältere Demi Moore geheiratet hat und dem es scheißegal gewesen ist, was die Leute reden, wächst nun mal eher in der Weite Kaliforniens heran als in der Enge Nürnbergs. Wenn der Junge es tatsächlich drauf haben sollte, sich zu dir zu bekennen, dann hat er ja die Gelegenheit, es dir im Laufe der Zeit zu beweisen. Immerhin konnte dein Alter ihn ja nicht davon abhalten, mit dir was anzufangen. Da wird er gewisse Neigungen in sich tragen, zu denen er sich vor sich selbst mangels Reife noch gar nicht

bekennen mag. Ich denke hier natürlich an einen ausgemachten Mutterkomplex.
Ohne den Fall zu kennen, unterstelle ich deinem jugendlichen Schwerenöter, dass er eine sehr dominante Mama hat. Und Fälle, die sich zur Liebe reifer Frauen hingezogen fühlen, ringen aufgrund ihres Mutterkomplexes immer um Nähe und Distanz!
Der Junge muss sich von dir entfernen, um sich neu angezogen zu fühlen. Lass ihn an der ganz langen Schnappleine … es wird ihm bald alles Leid tun und umso inniger wird das nächste Rendezvous. Hüte dich vorm Leidenstrip: Welcher Junge sieht schon gerne eine weinende Mama? Denk einfach, du wärst Sharon Stone, da wirst du wenigstens nie auf die Idee kommen, mit Lockenwicklern ins Bett zu gehen!

Da ich meine verehrte Leserschaft in meinem Ratgeber nicht mit der Unglückszahl von 13 Kapiteln verabschieden möchte, nehme ich dies zum Anlass, euch gleich noch eine Portion Nachschlag zu verabreichen!

14. Kapitel
Das Ende vom Lied

Ich dachte früher immer, Glück sei etwas, das man sich im Laufe des Lebens verdient. Aber das ist falsch. Glück kommt und geht, egal wer man ist oder was man macht.

Überall schnappen wir Frauen heute die Botschaft auf, dass mit uns in dramatischer Weise etwas nicht stimmt, wenn wir nicht aussehen wie Heidi Klum. Wer nicht glücklich ist, dem wird versprochen, dass er das ändern kann, wenn er nur die richtigen Sachen einkauft. Zur Not darf man ganz legitim auf chemische Substanzen zurückgreifen, die das mit dem Glück für uns erledigen, wenn das Schicksal sich quer stellt.

Ich schreibe Bücher, weil ich Frauen Inspiration sein will. Ich will mit Witz und Schlauheit aufzeigen, dass es Wege gibt, sich durch intelligenten Widerstand von Hirnwäsche zu befreien.

Kierkegaard sagte einmal, dass Angst nichts anderes sei als »Trunkenheit durch Freiheit«. Kierkegaard hatte Recht. Wir haben heutzutage mehr Freiheit, als uns zuträglich ist, und dabei das gleiche Recht auf Trunkenheit wie ein Mann. Doch wohin mit all der Angst, die wir dabei absondern? Nun, wir sind clever! Wir haben gelernt, aus der Angst einen Katalysator zu machen. Logisch. Denn wir befreien uns im großen Stil!

Blicken wir zurück: Vor 500 Jahren lebten wir Frauen

in Herden und waren Sklavinnen. Wir gehörten zum Hausrat des Mannes und konnten sogar eingetauscht werden, wenn wir nicht mehr richtig funktionierten oder kaputt waren. Unser Status unterschied sich kaum von dem der Viehzucht.

Vor 100 Jahren durften wir weder wählen noch Grundbesitz erwerben oder Hosen tragen. Es hätte uns an den Galgen gebracht, dies auch nur zu verlangen.

Vor 40 Jahren hatten wir kein Recht, unseren Arbeitgeber zu verklagen oder uns gegen Vergewaltigung, geschweige denn seelische Grausamkeit oder Misshandlung durch einen Mann zu wehren.

Vor 30 Jahren hatten wir noch kein Recht auf legale Abtreibung und konnten wegen einer Schwangerschaft gekündigt werden – oder von der Schule fliegen.

Vor 20 Jahren gab es weder Nagelstudios noch Extensions oder Fettabsaugungen. Im Vergleich dazu haben wir Schicksen es heutzutage doch wirklich leicht!

Wenn wir wollen, können wir Kriminalhauptkomissarin werden und Männer verhaften. Wir dürfen Soldatinnen werden, in den Krieg ziehen und Außenministerin oder Bundeskanzlerin sein. Wir haben beste Voraussetzungen, um die Welt zu erobern und die Führung zu übernehmen. Wir haben den Mut, die Mittel und die Vision, die Welt zu verbessern. Wir haben Bildung, Selbstbewusstsein und Attitüde. Wir besitzen Informationen und Allüre. Manche von uns haben sogar die richtigen Klamotten. Wir stehen am Anfang des Matriarchats!

Warum also sollen wir noch an der Vergangenheit hängen und uns durch unsere Ängste bremsen lassen?

Als Mütter sollten wir unsere Söhne und Töchter auf die Welt von morgen vorbereiten. Frauen, die aussehen wie Pamela Anderson, werden die Regierung übernehmen, den Maseratischlüssel auf den Tisch werfen und sagen: »Schätzchen, hol schon mal den Wagen!«

Die Frage wird nicht mehr sein, ob es besser ist, die Geschichte zu formen oder den eigenen Körper – wir formen beides! Und solche Frauen kann man nicht verarschen!

Wie meine Großmutter immer sagte: »Die Liebe wird dir das Herz mehr zerreißen als du ahnst, aber trotzdem wird dein Leben schöner sein, als du es dir jemals vorstellen kannst.«

Drum lasst uns aufrecht stehen und weitergehen, Brustwarzen gegen den Wind. Und während ihr voranschreitet, vergesst nicht, euch zu amüsieren. Denn es gibt keinen besseren Weg, eine widersprüchliche Gesellschaft zu versöhnen, als durch Humor. Merke: Böse Mädels kommen überall! Und irgendjemand muss ja die Weltherrschaft übernehmen. Warum nicht wir?

ENDE

Dank

Die Welt der Bücher ist voll wunderbarer Menschen.

In meinem täglichen Spießrutenlauf aus Beleidigung, Diskriminierung, Missgunst, Neid, Nötigung und übler Nachrede hilft Heulen gar nichts. Schmollen erst recht nicht. Für mich hat sich die Welt der Bücher als der schönste Zufluchtsort herauskristallisiert. Ich kehre dorthin mit denselben Gefühlen zurück, die eine englische Lady haben muss, wenn sie voller Muße ihren Rosengarten betrachtet. Man setzt sich hin, hält inne und horcht in sich hinein. Die einen nennen es Kontemplation, ich nenne es Bücherschreiben: für mich neben Mutterschaft die schönste Sache der Welt! Denn Bücher laufen nicht fort. Sie können einen nicht verlassen, sie können nicht mal wegsterben. Wenn ich einmal alt bin, möchte ich sagen können: Hier in diesem Regal, diese ganzen Bände, DAS BIN ICH! Denn ich bin mehrere, in Wahrheit bin ich so viele!

Und ich hoffe, dass die Menschen, die mir bei der Realisation dieses Buches geholfen haben, treu bleiben, bis mein Bücherschrank voll ist. Was gäbe es Schöneres, als gemeinsam mit diesen unentbehrlichen Helfern eines Tages in meinem Regal die eigenen Bücher abzustauben??? Ich erhebe also ein Glas Champagner zum Toast auf meine eigene Putzparty!

Dazu lade ich meine Literaturmanagerin Frau Graf

mit Barbara Wenner, die meine Autoren-Zukunft in die Wege geleitet haben, Frau Herber-Schlapp als exzellente Lektorin, Indra Heinz für das Vogue-Cover und ihre Geduld mit mir, mein Tour- und PR-Management connex alias Detlev Rutzke und Julia, die leider die Dinge erleben müssen, *bevor* ich darüber lachen kann, sowie Frau Ziegler, die dafür sorgt, dass die Menschen in der Welt von Büchern erfahren, sowie die Verlagsleitung, insbesondere Frau Schoeller und Herrn Lohmann, die mir ein warmes Nest zum Ausbrüten meiner Ideen bieten.

Ebenso danke ich der Bild am Sonntag, die mit der Ratgeberkolumne »Fragen Sie Frau Désirée« den Grundstein für dieses Buch gelegt hat. Ich liebe jeden, der an mich glaubt, und dazu gehören inzwischen sogar einige kluge Männer! Zufälligerweise sehen die meistens sogar noch sehr gut aus. DANKE: Denn es gibt sie wirklich, die tollen Männer!

Mein größter Dank aber gebührt den Frauen an der Front, den Mädels im Schützengraben, hinter den Ladenkassen, in den Lagerhallen, den Buchhändlerinnen und Sortimenterinnen, ganz einfach jeder einzelnen Person, die mein Buch gelesen hat und sagt: »Ja, das ist es wert, das *müssen* Sie kaufen!«, denn: Ihr habt ja soooo Recht!

Désirée Nick
im Juli 2006